人生で
大切なことは
いつも

超一流の
人たちから
学んだ

中島 薫

サンマーク出版

はじめに ―― 人は、人によって磨かれる

あなたは今、最高の人生を生きているでしょうか？

「最高の人生って？」そう思うかもしれません。人によって定義は違ってくると思いますが、私が考える「最高の人生」とは、「自分の持っている才能をできる限り開花させて、他の人の役に立ちつつ、毎日起こるどんな出来事にも感謝できる人生」、といったところでしょうか。

ここを読んで、勘のいい方ならおわかりかと思いますが、最高の人生を送ろうと思ったら、つまらないことに悩んでいるひまも、過去のことを思い出してくよくよしているひまもありません。**前を向いて、でも今ここにいる自分にしっかりと集中して、「こうなりたい」と思う目標に進んでいかなければならないのです。**

さて、もし今のあなたの状況が、自分で「こうなってほしい」と思うところから

まだ遠かったとしたら。近づく方法も、あるいはそこを通り越して、自分でも思いもよらなかったすばらしい方向へ向かう方法も、実はあります。

それは、**「自分の人生は、自分でつくれるのだ」**と意識することです。

そんなのあたりまえのことで、とっくに知っている、そう言うかもしれません。でも、知っているのと、実際に行動するのとは、まったく違う問題だというのはわかりますね？　おいしい料理のレシピをどんなにたくさん知っていても、作らなければ、それは食べられない。それと同じことです。

ですから、「自分の人生は、誰のものでもない、自分のものだ。そして、それは自分でつくれるのだ」ということを、ここでぜひ改めて強く意識しましょう。そして、そのために行動するのです。私はあなたに、その行動のしかたもお伝えします。

とても簡単なことです。

「超一流の人の生き方に学ぶ」のです。

ここで、私なりの「超一流」の定義をすると、「自分のゴールを知り、そこへ向かってひたすら進んでいる人」ということになります。簡単そうに聞こえますか？

実は、なかなか難しいのです。まず、自分の人生のゴールをきちんと把握している人は少ない。そして、そこへ向かって歩を進められている人もまた少ないのです。

とても幸運なことに、私にはこれまでに、たくさんの「超一流」の人と出会うチャンスがありました。

自分のビジネスで曲がりなりにも成功しているので、いわゆる「セレブ」と呼ばれる方々と知り合う機会が多いというのがその理由のひとつです。もちろん、有名だから、お金持ちだから、企業の社長だから、というのは「超一流」の理由ではありません。**「自分のゴールを知っていてひたすらそれを目指し、きわめている」**という人はすべて、私にとっては「超一流」と言えます。ですが、それなりの地位や名声を得ている人には、やはり超一流の人が多いのは事実です。

それと、私はビジネスでもプライベートでも海外に行くことが多いので、日本だけではなく世界中の「超一流」の方々と出会う機会が多いというのがひとつ。

さらに、超一流の人は、つきあう人も超一流の人が多いので、誰かすごい方と知り合うと、別のすごい方を紹介していただく機会にも恵まれることがひとつ。

また、私は「出会い運」というものをたぶんかなり持っていて、「なぜ、今、ここで?」というタイミングで、様々な超一流の方々と出会うことが多いということがひとつ。

そして、これがいちばん重要ではないかと思うのですが、私は好奇心が旺盛で、人が好きだということがひとつ。つまり、1年365日、どんなときでも、出会った人からいろいろ話を聞き、自分なりの何かを学んでしまうのです。それこそ、大統領からサラリーマンまで、老若男女、人種宗教国籍、すべて関係なく。

この学んだものを、自分だけのものにしておくのはもったいない、と、あるとき思いました。それで、私にいろいろなヒントをくださった方々への感謝の意味もこめて、本にまとめることにしたのです。

この本には、そういった「超一流」の、37組の人たちが登場します。読んだ人がイメージしやすいように、なるべく、誰でも知っているような、世界的に有名な人を中心に選びました。どの人も、これまで私が直接会って、話して、「ここがすごい」と影響や感銘を受けたすばらしい方々です。出会ったときのエピソードを読んでいただくだけでもとても面白いと思いますし、私がそこから学びを得たように、あなたも人生のヒントが見つかるかもしれません。

ただ、「へえ、こんなことがあったんだ」と、自分に関係のないこととして読むか、「この人はこうだったのか、そして中島薫はこう思ったのか。自分だったらどうしただろうか?」と、**自分のこととして、自分のための本として読む**かでは、読んだあとが大きく違ってくるということは申し上げておきたいと思います。

ここに出てくる37組の方々と出会えたことに心から感謝します。そして、それとともに、これらの方々に出会うまでに出会ったすべての人にもまた感謝をしたいと思います。どの人が欠けても、この「超一流」の人たちに会える縁はできなかったと思うからです。

人生は、誰と出会うか、何を選ぶかで決まります。もっと言うと、出会った人から何をどう学ぶか、それが自分自身の質を高め、磨くヒントになります。

人は、人によって磨かれます。あなたという極上のダイヤモンドの原石がこれから磨かれていくヒントが、この本の中にあることを願っています。

人生で大切なことはいつも超一流の人たちから学んだ

目次

1

夢

DREAM

絶対に、何があっても、あきらめてはいけないもの

——マライア・キャリー

「人生で何がいちばん大切だと思いますか」

これは、私がよく仕事仲間や友人から聞かれることのひとつです。あなたなら、何と答えるでしょうか。

大切なものはたくさんありますが、私はここで「夢」と答えたいと思います。

夢は人生を歩くときの道しるべであり、相棒であり、お守りなのです。

あなたの夢は、なんですか？

そう聞かれて、すぐにいくつも答えられる人もいれば、少し考えこんでしまう人もいることでしょう。考えて「これかな」と思う人、「自分には夢がない」と悩んでしまう人もいるかもしれません。

「夢」というと、何か大きなもの、難しいもの、あるいは他人が聞いたらすごいと感心するようなものでなければならないと思い込んではいませんか？　だから考えたり、「夢がない」と言ってしまったりするのです。

「したいこと」「欲しいもの」「こうだったらいいなと思うこと」と考えてみてはどうでしょう。好きなものがある人は、それに囲まれた暮らしというのも立派な夢のひとつでしょう。「苦手なことが苦手でなくなる」というのもアリかもしれません。

「夢」という言葉で、私はいつもマライア・キャリーのことを思い出します。

　彼女は全米首位獲得数が女性アーティストとしては歴代1位の、世界が認める歌姫です。私は彼女がデビューした頃からの大ファンで、彼女の「ＨＥＲＯ」という曲を、自分の講演会のエンディングにしばらく使っていたりもしました。彼女の歌も曲もすばらしいのですが、なかなかデビューできずに苦しんでいたときでも**けっして自分の夢をあきらめることがなかった**というところが、すごいなと思います。

　このマライアを、「いつか自分の主催するイベントに呼びたい」と私はずっと思っていました。かなり大きな夢なので、もちろんなかなかかなうことはありませんでした。でも、あきらめたりはせずに、「きっとそのうちチャンスが来るだろう」と信じて、その間、他の夢をかなえていました。

そうして、あきらめなかった私のこの夢は、かないました。

私の還暦の年に、今のビジネスを始めてから30年の節目ということもあり、仲間たちと記念のイベントを企画し、そこにマライアをゲストに呼ぶことにしたのです。

もちろん、簡単に呼べるようなアーティストではありませんから、準備から交渉までいろいろ大変でした。それでも、私のビジネス関係で以前にダイアナ・ロスやスティーヴィー・ワンダー、ジェニファー・ロペスなど、そして私も個人的にライオネル・リッチーやボビー・コールドウェル、ケニー・Gなどを呼んだことがある実績が幸いし、ＯＫが出たのです。

マカオのザ・ベネチアン・マカオ・リゾートホテルで５０００人の前で歌うマライアを見たときは、人生の夢がまたひとつかなった瞬間、そして「この夢を持ってよかった」「あきらめなくて本当によかった」と思った瞬間でした。

このときのステージでマライアがデビュー前のことを話したのですが、とても印象に残っているフレーズが「私は絶対にあきらめなかった」というものです。

「私は絶対にあきらめなかった。何があってもあきらめなかった」

この力強いメッセージを、今ここで、あなたにも贈りたいと思います。

大きなものでなくても、小さくてもかまわないから、夢はあったほうがいい。そしてできれば、ひとつよりもふたつ、できるだけたくさん。

ここで大事なのは、夢をかなえようといろいろやって、うまくいかなかったときに、「そこであきらめてはいけない」ということです。それは、「うまくいかなくてもさらに続ける」ということではありません。いったんその夢をわきに置いておいて、別の夢をかなえるために動く。そのときに、うまくいかなかった夢は捨てずにしまっておくということです。**あなたが勝手にそこでその夢をあきらめて、なかったことにするのではなく、時期が来るまで待たせておくのです。夢は待ってくれるのですから。**

人生でいくつも夢を持つことの楽しさを、それらをかなえていく喜びを、あなたにもっと感じてほしい。あきらめる代わりにできることは、たくさんあります。

2

挑戦

CHALLENGE

自分自身の限界のその先

――内山高志

私たちはつい、誰かと自分を比べたり、競ったりしてしまいます。でも、**戦うべきものはいつも、本当は外ではなく、内側にある。**それは自分自身であり、自分の中の、自分で勝手に決めつけている偽物の「限界」(「限界意識」と言ったほうがふさわしいかもしれません)なのです。

スポーツはするのも観《み》るのも好きな私は、いつも様々な競技のアスリートにこのことを教えてもらっています。彼らはつねに「さらなる記録の更新」を目指し鍛錬につとめます。あと1センチメートル、あと0・1秒、あと1キログラム、あと0・1点……。それらの数字は一見、他の選手との比較に見えますが、実は「あと○○が出せる自分」との闘いなのです。**世界新記録ではなく自己新記録**なのです。

私がこのことをより強く意識するようになったのは、あるアスリートとの出会いからでした。現WBA世界スーパーフェザー級スーパー王者の、内山高志選手です。

きっかけは友人が親しくしているボクシングジムのオーナーとの飲み会に、私も誘われたことでした。私はそれまでボクシングはほとんど観たことがなかったので、門外漢が行って邪魔にならないかと最初は遠慮しました。しかし、「世界チャンピオンも来るのでぜひ」と言われて好奇心がわき、「自分の知らない世界を学ぶ機会だ」と思ったので行くことにしました。そこに来たのが内山選手だったのです。

「世界チャンピオンが来るのに、何も共通の話題がなかったら困る」と思った私は、そういえば友人に連れられてバルセロナ五輪ライト級金メダリストのオスカー・デ・ラ・ホーヤの試合を観に行ったことがあったのを思い出し、それについて話すことにしました。それから、以前、モハメド・アリとビジネスで一緒になったときにもらった彼のサイン入りグローブとボクシングトランクスを持っていきました。

今から考えると、グローブとトランクスを持って飲み屋に行くのもちょっと変ですし、ボクシングにまったく詳しくない素人がモハメド・アリのサイン入りグローブとトランクスを持っているということで内山選手が仰天したのですが、それで集まったみんなが大笑い、場が一気になごみました。

内山選手という人は、今さら私のようなど素人が言うことでもないのですが、本当にすごい選手でした。WBA世界スーパーフェザー級王座で9回の防衛でスーパー王者に認定されているほか、アマチュア時代からのタイトルや受賞は数えたらきりがありません。ちなみにスーパー王座というのは世界王座よりも上位のボクシングの王座ということだそうで、つまりとてつもなく強いということですね。

ボクサーといえば、厳しい減量です。なぜそんなにつらいことをするのか、それと9回も王座を防衛するなんてどういうモチベーションでできるものなのか、勝ち続ける実力はどうやってつけるのか、そんなことを内山選手にたずねました。

ボクシングにまったく不案内な私にもわかるよう丁寧に説明してくれた内山選手の言葉の中で私が強く覚えているのは、**「自分の限界のその先を見続けたい」**ということ。自分で思っている限界の枠をどうにかして外して、その外した先を見る。これを繰り返すことで、進化した自分を体感できるというのです。

私もずっと「限界なんてない。自分で決めているだけ。だから自分でこわせる」と思ってビジネスをしてきましたし、それで達成した業績がいくつもありました。しかし、内山選手のこのストイックなまでの限界突破意識にふれ、鳥肌が立ちました。私の「限界なんてない」という考えのその先にある、と思いました。

先日、インタビュー記事で、内山選手が「自分は天才肌じゃない」と言っているのを読みました。それから「練習は裏切らない。逆に言えば、練習しないと裏切られる」とも。毎日しっかり練習して、1日1日強くなることが大事なのだそうです。

彼はじゅうぶん天才だと思いましたし、彼の強さの秘密はこれなのかな、とも思いました。私は、天才というのは「天賦の才能」ではなく、「あることをずっと続けられる才能」のことだと思っています。**一点集中を持続できる人が結局最後に勝つのだと。**「自分はこれだけのことをやってきたんだ」という、自分に対する信頼以上に強いものはないと思います。内山選手はそれを持っているのです。

ここぞというときに、努力が後押しをしてくれる。そしてまたひとつ限界を突破できる。こんなふうに生きたいな、と思います。

3 運命

DESTINY

導かれるべくして導かれる道

――エルトン・ジョン

世界で3億枚以上のレコード・セールス、そして「キャンドル・イン・ザ・ウインド〜ダイアナ元英皇太子妃に捧ぐ」だけでも全世界で3700万枚以上売り上げているイギリスのミュージシャン、エルトン・ジョン。彼とはとても親しくさせてもらっています。毎年、彼の自宅で開催されるチャリティ・パーティーにも招待され、ハリウッドスターやスーパーモデル、一流アスリート、大物政治家まで、ありとあらゆるセレブが一堂に会する様をいつも楽しませてもらっています。

その華やかな雰囲気の中でいつも思うのは、**「運命の不思議さ」**です。この人がいなかったら、今の私はなかった。間違いなくそうだと思います。ですから、私の中では、エルトンと運命はワンセットになっているのです。

といって、エルトンが私のビジネスで協力してくれたとか、あるいは困っていた私に何かの援助をしてくれたとか、そういうことではありません。これは本当に、ちょっと不思議な話なのです。

私は高校卒業後、地元の島根のヤマハに就職しました。あるとき浜松で研修があり、終わったあとにひとりでふらりと夜の商店街に出かけました。たまたま入ったレコード屋で、そのとき店内に流れていた曲に心をひかれました。知らない曲、しかも日本語ではなかったので、店員さんに曲名をたずねました。それが発売前のエルトンの「Your Song」、邦題が「僕の歌は君の歌」でした。発売になると同時に買って、美しいメロディーの虜《とりこ》になり、繰り返し繰り返し聴きました。彼がコンサートのために来日したときも、島根から大阪厚生年金会館まで聴きに行きました。

あるとき、世界歌謡祭というものがあることを知りました。その年のイギリス代表がエルトンだというので、やはり島根から東京の武道館まで聴きに行きました。そこでグランプリをとったのが中島みゆきの「時代」でした。私はあろうことか、それに触発されて、「自分も曲を作ってみよう」と思いました。思うだけではなく実際に作曲し、それで翌年の世界歌謡祭にエントリーするのですが、この曲「Good-by morning」がなんと、グランプリを獲得してしまうのです。

嘘《うそ》のような本当の話です。そして、それはまだ続きます。グランプリをとったことで、私の作曲家としてのキャリアがスタートします。ヤマハを退職して、島根から東京へ出てきます。作曲の仕事をしているうちに、今のビジネスと出会います。

そしてその仕事の一環でカンヌ国際映画祭に行ったときに、一緒だったショパールの社長のキャロライン・ショイフレからエルトンのパートナーのデイヴィッド・ファーニッシュを紹介されます。私がどれだけ驚き、感激・感動し、そして緊張し焦りまくったかは、たぶんあなたの想像以上です。

「私はエルトンのおかげで人生が変わったんです！　実はこういうわけで……」と一生懸命デイヴィッドに話すと、彼はなんと、「それでしたら、来年のうちのチャリティ・パーティーにぜひお越しください。招待状をお送りするので連絡先を教えてください」と言ってくれたのです！　そこから毎年、招待状が届くようになり、エルトンともとても仲良くなりました。私の人生が彼によって大きく、しかもよい方向へ大転換したことを本当に喜んでくれていて、それがまたとても嬉《うれ》しい。

ヤマハに入っていなければ、研修が浜松でなければ、レコード屋に入らなければ、エルトンを知らなかったかもしれません。そしてエルトンを知って世界歌謡祭に行かなければ、曲を作ってエントリーしなければ、作曲の仕事のために東京に来なければ、今のビジネスを始めていなかったかもしれません。どれかひとつ欠けても、今のビジネスで成功し、ずっとあこがれていたエルトンと親交が持てるなどということはなかったはずです。そう考えると、エルトンが作ってくれた、エルトンへの道を私は歩いてきたようなもの。これを運命と呼ぶのは変でしょうか？

誰にでも、こんな出会いはあります。人によって、出会う人、出会い方、出会う時期などいろいろですが、人生には何度となくこうした不思議な巡り合いがあるのです。それを直感でつかみとるのか、または目の前を通り過ぎていくのに気づかずにやり過ごすのかは、自分次第。**運命の出会いは、昨日起こっていたかもしれないし、明日起こるかもしれない。もしくは、今、たった今、起こっているかもしれないのです。**あなたの運命を変える次の出会いを、ぜひつかまえてください。

4 チームワーク

TEAMWORK

プラスの掛け算の大きな力

――ミラー兄弟

ものすごくあたりまえのことですが、人は、ひとりでは生きていけません。

「私は電気もガスも何もない無人島に暮らしています」という人でさえも、そこに行きつくまでの間に誰かしらの世話になっていますし、だいたい、人はひとりでは生まれてくることすらできないのです。

自分ひとりでできることなどたかが知れています。でも、**自分ができること、好きなこと、得意なことなどをお互い出しあって他の人と協力することで、足し算どころか掛け算のパワーでいろいろなことが可能になる**のです。私は普段から「自分はできないことがたくさんある」と自覚して生きているので、何かあるとすぐに会社のスタッフ、仕事の取引先、友人知人、家族や親戚、はては今会ったばかりの見ず知らずの人にでも聞いたり頼んだりして、毎日この掛け算の力を感謝しつつフル活用させてもらっています。

ところで、この掛け算の力について、ひとつ大事なことがあります。

それは、誰かと何かをするとき、つまり「チーム」として動くときに、**そのチームを構成する人の能力も大事なのですが、性格や考え方も同じように大事**だということです。

「能力がきちんと発揮されれば、性格なんて関係ないのでは？」と思うかもしれません。でも、ちょっと考えてみてください。たとえば５人のチームで何か仕事をするとしましょう。みな能力は抜群ですが、そのうちのひとりだけ、他の人と考え方がまるっきり違い、それについて相談や調整をしようともしないわがままな人だったらどうでしょうか？　チームとしての作業に問題が生じる可能性があります。

チームは、お互いに信頼しあって、前向きな考え方のもとに運営されるときに、プラス同士の掛け算になります。ひとりでもマイナスの人がいれば、他がいくら大きなプラスだとしても、掛け算ですから結果的にマイナスになってしまうのです。

この「能力」も「考え方」も大きなプラス同士が掛け合わさってすばらしい結果が出ているな、と私がいつも思う例のひとつに、友人のミラー兄弟がいます。

彼らは3人兄弟で、上からJ・B、ベネット、セオドール通称テッド。J・Bは世界中であらゆる一流アーティストや大統領をはじめとする大物政治家のブッキングと様々なイベントをプロデュースする製作会社エンパイア・エンターテインメントのニューヨーク本社代表です。『タイム』誌が選ぶ「世界で最も影響力のある100人」のパーティーのプロデューサーでもあります。ベネットは映画監督で、彼の作品にはブラッド・ピット主演『マネーボール』やカンヌ国際映画祭で監督賞を受賞しアカデミー賞にもノミネートされた『フォックスキャッチャー』などがあります。テッドはエンパイア・エンターテインメントの日本代表で、モデルのアンミカのご主人でもあります。

この3人は、それぞれの能力がものすごく高いうえに、性格もよく、さらにびっくりするくらい仲良しなのです。それぞれとても忙しい人たちなのに、ビジネスでもプライベートでも、何かのときには必ず3人集まって、楽しそうにしています。

時折もらうメールに添付してある写真などでもよく3人一緒に笑顔で写っていたりします。こんな3人がチームを組んでお互いの仕事に協力しあっているのですから、最強です。

兄弟だからあたりまえ、と思うかもしれませんが、子どものときならともかく、大人になって別々の生活があるのにここまで仲がよいというのは、本当にすばらしいと思います。

彼らの活躍ぶりを見て、私も自分のビジネスでは、チームワークということについてより考えるようになりました。**個々の能力を100%発揮しつつ、それが200%、1000%にもなるようなプラスの掛け算の力を引き出す**ためには、個人の性格や考え方など、「人間力」をアップさせる必要があること。お互いを信頼しあい、尊重しあう態度が重要であること。

あなたもぜひ、そんなチームの一員になってください。

5 義理人情

HEART

約束を守ること、そして約束以上のものを相手に差し出すこと

――五木ひろし

両親が歌が好きだったことや自分が作曲の仕事をしていたこともあり、私は音楽が大好きです。クラシックからロック、ジャズ、演歌まで、あらゆるジャンルの音楽を聴きますし、そのせいかいろいろなタイプの歌手の方とも親交があります。五木ひろしさんはその中でも、ちょっと特別な存在です。

五木さんとはお互いに**「ソウル・ブラザー」**と呼び合うほどの仲なのですが、ここまで仲良くなるきっかけもまた不思議でした。

もともと父が五木さんの大ファンで、家でよく五木さんの歌を聴いていました。それを聴いて育ったので、私も五木さんが大好きでした。何年か前、ハワイに行くときに自分で「五木ひろしベスト」を編集し、携帯音楽プレーヤーに入れて持って

いったことがありました。帰りの飛行機に乗る前に、ラウンジでそれを聴いていたら、なんとそこに本人が現れたのです！　びっくりしている私の目の前を通り過ぎようとするところを、私はつい「あの、すみません」と呼び止めてしまったのです。これが路上ならそのまま歩き去られた可能性もありますが、ファーストクラスのラウンジだったためか五木さんも「はい？」と立ち止まってくださいました。そこで私は、親子2代で五木さんの大ファンであること、自分でベスト盤を作って今聴いていたことなどを伝えたのです。五木さんが「何をお聴きになっていました？」と聞いてきたので私が「『暖簾《のれん》』です。いちばん好きです」と言うと、ちょっと驚かれて「そうですか、それはなかなかマニアですね」、そして「よかったら、今度出る曲なんですが、どうぞ」とCDをくださったのです。

まだ続きがあります。飛行機に乗ったら、私の席の後ろに五木さんと奥様がいて、隣にお子さん、その向こうにはご両親と、五木ファミリーの中に私がひとり入り込んだような形。降りて外に出て、迎えの車を探しに車寄せに出たら、そこでもまた五木さんとばったり。**これはもう何かの縁に違いない**と思い、「何度も会いますね」と私が名刺をお渡しして改めて自己紹介をしたら、五木さんも連絡先を書いたメモをくださったのです。そのあとしばらくして、何かのきっかけでご連絡してお互いに行き来するようになり、今に至ります。家族ぐるみのおつきあいで、お互いの家や主催するイベントに招待したり、サプライズのプレゼントをしたり……。

　五木さんを見ていて思うのは、「義理人情」ということ。「義理人情」というと、なんだか任侠《にんきょう》映画《えいが》か何かのようですが、簡単に言うと、**筋を通して、約束を守って、それを義務ではなく心から「相手のために」という気持ちで行う**ということ。五木さんが私にしてくださるすべてのことに、それが感じられます。私も同じ気持ちで、「この人は、何をしてあげたら喜ぶんだろう」といつも考えているのです。

　ところで、五木さんとの出会いの話をすると、聞いた人のほとんどが「なぜ五木さんは、薫さんに連絡先を教えたんでしょうか？　仕事で会った人ではなく、言葉は悪いですが、ただの行きずりの人じゃないですか」と首をひねります。そういえばそうなのかもしれません。そこで、この本のこともあるので、秘書のマサを通じて五木さんに聞いてみました。すると五木さんはこんなことを言っていたそうです。

「薫ちゃんとの出会いに関していつも思うことは、『ご縁で結ばれた関係』ということ。お互い音楽をやっていたという縁、親子で僕のファンという縁。そんな中でハワイのラウンジで奇跡の出会い。知り合って仲良くなる中で彼がいつでもどんなことでも前向きにチャレンジしていて、そして縁を大事にしていることを知る。それが今のふたりにつながっている。薫ちゃんとは、初めて会ったとは思えないご縁を感じたんだね。彼は何者かわからないけれど、ただ者ではない、という僕の直感。一生のうちに数えるほどしかない出会いだと思っている。僕と彼は、仕事は違うけれど、『人を魅了する』ということでは同じ。僕は歌で人を感動させるのが仕事。彼は人としての魅力で人を感動させる。彼とは何も言わなくてもわかり合えるし、なんでも喜ぶことをしてあげたいと思う。お互い、生きている限り、このご縁は続くし、これからも長く長くいいおつきあいができたらと思っている」

感動しすぎて言葉もありませんでした。こんなすばらしいご縁をいただいたことに感謝しつつ、五木さんのこの思いに恥じないようにという気持ちでいっぱいです。

次に私は、五木さんのために何がしてあげられるでしょうか？

6 美

BEAUTY

心をつかまれる瞬間　――ダニエル・オスト

「美」は「力」である――このことを私に教えてくれたのは、ベルギー出身のフラワーデザイナーであるダニエル・オストでした。

それまでも絵画や美術工芸品、インテリア、風景、ファッションまで、美しいものはなんでも好きだった私ですが、彼の手が作り出す自然と人工の調和する独創的で圧倒的な美の世界を見たときは、文字通り衝撃を受けました。

彼の作品をまだ見たことがないという方は、ぜひ今後開催される個展に行っていただくことをおすすめします。写真集も出ていますしインターネットでも画像を検索できますが、花や枝や葉や実などの植物を幾重にも組み合わせて作り上げられる彼の作品は、やはり生で見てこそその生命が奏でる「美」を堪能できます。あるものは材料を自由自在に折り曲げて曲線の躍動感を生かしてあったり、あるものは「花の彫刻家」という彼の異名が存分に生きた巨大な存在感を持っていたり、またあるものはミニマルに凝縮された緻密な小世界を表現してあったり、とにかく独特の世界観があります。

見ればわかりますが、彼の作品にはなぜか「和」のテイストがあります。大胆で、豪華で、ダイナミックな迫力に満ちていながら、同時に繊細で、優雅で、不必要なものをすべてそぎおとしたような究極のシンプルさが感じられるのです。もちろん、彼は日本が大好きなので、生け花のことなども勉強しているかもしれません。

彼とは何年か前に知人の紹介で知り合いました。その頃すでに母国では王室御用《おうしつごよう》達《たし》のアーティストで、大阪・花の万博の金賞など数々の権威ある世界大会で賞を獲得し、政財界をはじめ各界の著名人から仕事を依頼されるほどの人気でしたが、日本ではまだブレイク前でした。渋谷で開かれた個展を知人と観《み》に行って、「この人はこれからすごいことになる」と確信した私は、彼が今後日本で開くイベントのお手伝いをさせてほしいということを伝えました。それ以来、私は彼が京都の金閣寺や仁和寺、出雲大社などで開催した個展のお手伝いをしたり、会期中に一日借り切って仲間たちとゆっくり鑑賞したりということをしてきました。

２０１５年の３月には倉敷の大原家本邸でも開催したのですが、そのとき私はふと「なぜダニエルは今回ここを会場に選んだんだろう」と思いました。もちろん大原邸は倉敷の観光名所ですし、大原美術館や倉敷中央病院を建てた大原家の旧住宅で国の重要文化財にも指定されています。それに、大原家からは泰子さんという方が皇后陛下の弟である正田修さんのところへ嫁がれているので、そのご縁で会期中には秋篠宮様と佳子様が鑑賞にいらしたりもしました。でも、他にも何か理由があるのではないかと思ったのです。

その謎はほどなく解けました。個展期間中、一日私が借り切ってビジネス仲間をおおぜい呼び、みんなで鑑賞した日があったのですが、そのときになんと正田泰子さんが直々にご案内くださったのです。説明を聞きながら邸内と庭園を見学し、「ここは秋篠宮様と中島さんにだけしかお見せしていません」というコーナーにも連れて行っていただきました。そこで、正田さんがダニエル・オストの作品が好きであるということを知ったのです。そしてどうやら、皇后陛下も彼の作品をお好きらしいのです。

ダニエルの作り出したすばらしい作品の美しさに感動しながら、私はまた、この「美」がたくさんの人をこんなふうに感動させるという事実にも感動していました。

彼の作品を見た人は、彼の「美」の持つ「力」につかみとられてしまうのですが、それは**彼の美に対する妥協をゆるさない執念**のようなものが生み出すのではないかと思っています。たとえば、四角い箱に南天の実を詰めた作品を作るときに、私だったら上げ底にして表面にだけ敷き詰めるということもするかもしれません。しかしダニエルは、箱の底から、四隅までぎっしりとひとつずつ詰めていくというタイプです。自分の持っている美の概念を、花を通してとことんまで表現する天才と言えるでしょう。

人生において「美しいものに感動する瞬間」というのは大事だと知ってはいましたが、それをここまで体感できたのはダニエルがいたからです。次はぜひ、あなたにも体感していただきたいと思っています。

7
友情
FRIENDSHIP

お互いの魂でつながる存在
――ケニー・G

私は英語が苦手です。なのに海外に行くことがビジネスでもプライベートでも多く、さらに外国人の友人もかなりたくさんいたりします。はじめのうちはなんとかして英語ができるようになろうと思っていたのですが、途中でそれは断念しました。そのぶんの時間やエネルギーを別のことに使ったほうがはるかに効率的だと理解したのです。今は英語のできるスタッフが通訳としていつも一緒にいてくれるのでとても楽です。

本当に不思議なのですが、外国人の友人たちは、私の英語力をまったく気にせずに話しかけてきますし、私も向こうが言っている言葉自体はあまりわからなくても、こういうことを伝えたいんだなということは理解できる。心が通じ合うのです。彼らと一緒にいると、**友情というのはこんなふうに、よけいなことを気にする必要なくお互いを大事にしあえる心地いい関係を言うのかな、といつも思います。**

私の「大切な存在」のリストのトップにいて、親友と言ってもいいのが、サックスミュージシャンのケニー・Gです。「累計アルバム売上枚数の最も多いジャズ・アーティスト」としてギネスブックに載るような人を親友呼ばわりなんて恐れ多いのですが、彼はメールにいつも「My Soul Brother」と書いてきてくれるので大丈夫かなと思います。

ケニーは私がずっと大好きだったミュージシャンのひとりです。もうだいぶ昔、札幌に行ったときに「N43」という夜景の美しいカフェバーに入ったら、そこで流れていたのがケニーの「ソングバード」という曲でした。「いいな」と思って店員さんに曲名を聞いてメモをして、あとでCDを買って何度も聴いていました。

時が流れて、あるとき私はロサンゼルスでビジネスイベントをすることになりました。会場はアカデミー賞やエミー賞、グラミー賞などの授賞式の会場としても有名なシュライン・オーディトリアムです。私は瞬間、「ケニー・Gをゲストに呼びたい！」と思いました。そして正式に依頼をし、ステージで演奏してもらいました。このときから今まで、別のイベントにゲストとして何度か来てもらったり、お互いの自宅に招きあったりと、兄弟のように親しくしていますが、よく考えると、なぜこんなに仲良くなったのか私にもわからないのです。何かきっかけや理由があったわけでもなく、ただ思い返すと、ケニーは初対面のときからいつもとてもおだやかで自然体で、一緒にいるとリラックスして楽しかった。だから出会うべくして出会い、仲良くなったのでしょう。

友情というものは不思議だと、ケニーと親しくなってしみじみと思いました。**本物の友情で結ばれると、国籍も、年齢も、性別も、職業も、物理的な距離も、時間さえも軽々と越えて相手とつながることができる。**お互いの境遇がどんなに違っても、遠く離れたところにいても、たとえ何年も連絡しなかったとしても変わらないずっと大切な存在。

人とそんな関係が築けたら、とても素敵なことだと思います。

この本にケニーのことを書こうと決めたとき、そのことをケニーに話して、ついでに彼は私のことをどういうふうに見ているのかを聞いてみました。

返事のメールを見て、私は感動してしまい、涙が出てきました。ケニーのあたたかい気持ちへの感謝の意味もこめて、内容をそのまま日本語に直してご紹介します。

「カオル・ナカジマのことを『ソウル・ブラザー』と呼べる自分はとてもラッキーだと感じています。彼は本当に特別な人物で、彼が感動したり興奮したり楽しそうに笑ったりすると、それは周りの人に次々に伝播《でんぱ》していくのです。彼の持つ親切な心はどんな人にも伝わるので、彼の近くにいればいるほど、彼のように親切で寛大になりたいと思い、そうつとめてしまうのです。そしてなんと言っても、彼は『スーパー・スタイリッシュ!!』です。私が彼のすばらしい人間性について書こうとしたら、もっとたくさんのページが必要になるのですが、しかし、『カオル・ナカジマ』を1文で表現するなら、こうです――彼は彼の心のままに生きています。それは私が、自分の音楽を奏でるように。　ケニー・G」

誰かと魂でつながるということを体験できる人生は、なんと幸せなのでしょうか。

8 カリスマ性

CHARISMA

「この人についていく」と思わせる情熱

――シャキール・オニール

私は自分のビジネスで会社も持っているので、スタッフに気持ちよく働いてもらうにはどうしたらいいかをつねに考えています。また、友人からリーダーシップについて相談されることも多いので、**「この人についていきたい」と思ってもらえる人になる、**というのは私の人生における重要なテーマのひとつです。

企業のトップではなく課長や主任でも、学校のクラブ活動のキャプテンでも、マンションの理事会の会長でも、あるいは誰かと何かをするときに、自分がリーダーシップをとらなければならない場合でさえも、ひとりでも自分についてくる人がいるときは、人はリーダーとなるわけですから、すべて同じことです。

私がリーダーシップということを考えるときにいつも思い出すのがシャキール・

オニールです。NBAのスタープレーヤーだった選手で、バスケットボールに詳しくない人でも、彼の名前くらいは聞いたことがあるのではないでしょうか。新人王から始まって得点王やMVP、シーズン最多得点など、数えきれないほどの受賞歴と輝かしい記録を誇る、オーランド・マジックの殿堂入りメンバーです。

彼とは、アムウェイ・コーポレーションの共同創立者のひとりであり、オーランド・マジックのオーナーでもあるリッチ・デヴォスの紹介で知り合いました。共通点など何ひとつないと言っていいような私たちでしたが、彼の明るく愛嬌《あいきょう》のある人柄のせいか、なんとなくうまが合って親しくなりました。私がビジネスの達成イベントをニューヨークのラジオ・シティ・ミュージックホールで開催したときも、わざわざお祝いのビデオメッセージをサプライズで送ってきてくれたり、彼がロサンゼルス・レイカーズへ移籍してからも試合に招待してくれたりしました。そのときにロッカールームで入団前のコービー・ブライアントを「彼はこれからうちで活躍するから」と紹介してくれたのですが、**「シャックみたいなすごいリーダーは人の才能も見抜くし、それを育てるのもうまいんだろうな」**と思ったのを覚えています。

オーランド・マジック時代の1994―95シーズン、彼はまだ20代前半の若さでチームを引っ張り、イースタン・カンファレンス最高勝率でチーム初のNBAファイナル進出に貢献しました。このとき、準決勝で復帰したばかりのマイケル・ジョーダン率いるシカゴ・ブルズと対戦したのですが、当時メディアはみなブルズが勝つと予想していました。しかし、結果はオーランド・マジックの勝利でした。

シャックという人は、2メートルクラスの大男たちがひしめくチーム内でもひときわ大きな体軀《たいく》とそれに見合わないほどのずば抜けた運動能力を持ち、ドラフト1位の鳴り物入りで入団早々から活躍していました。しかし彼がチームを引っ張ることができたのはそれだけではなく、これはオーナーのリッチも言っていたことですが、彼の**人を楽しませようとする性格とともに、その強いカリスマ性**が、チームのみんなに「彼についていこう」という気持ちにさせたのだと思います。それまで勝ち越しのなかったチームの成績は、シャックが加入した年に5割に届き、惜しくもプレーオフ出場を逃すというところまで来ました。そして翌年は50勝を挙げてプレーオフに初出場、3年目には57勝を挙げて遂にファイナルまでたどり着いたのです。

シャックの話をするときに、私がもうひとつセットでよく人に話すのが、オーナーのリッチがチーム初のファイナル進出となったときに、メンバーを奮い立たせようとして言ったという「Why not us, why not now?」です。直訳すると「なぜ私たちではだめなのか？　なぜ今ではだめなのか？」となりますが、「私たちが勝ってはいけない理由はないし、今勝ってはいけない理由もない」、つまり「私たちが勝つし、今勝つんだ」ということですね。

シャックがこの言葉を聞いてさらに燃えたのは間違いないでしょう。

そのシャックがオーランド・マジックの殿堂入りを果たしたときのコメントの中で、「チームを退団したことを後悔している」というのがありました。とにかく早く優勝を経験したいという思いで移籍を決めた自分自身に対して、もう少し我慢して残っていたらチームはまだまだ強くなったかもしれない、と。

こういうことを認められるというのもすごい。**弱点も死角もない人よりも、強さと弱さを両方見せられる人間らしい人にこそ、人はひきつけられるのだろうな**、という学びがまたひとつ。シャックにはまだまだ教わることがありそうです。

9 明るさ

CHEERFULNESS

場の空気を変える笑顔

――ライオネル・リッチー

「薫さんて明るいですね」「思っていたよりもずっと話しやすくてびっくりです」

これは私が仕事で初めて会う方によく言われる言葉です。私がビジネスでいろいろ達成した業績から判断して、初対面の方は会う前に「中島薫って、これだけ成功しているんだから、きっと相手にも自分にも厳しい人なんだろう」「いかにも『やりてのビジネスマン』みたいな感じなのかも」「怖そうな人だったらどうしよう」などと勝手に想像してしまうようです。しかし実際の私はまったくそんなことはないのです。

いつも明るくハッピーに、そしてできれば自分だけでなく周りの人にもそうあってほしい。私が心がけていることのひとつなのですが、これを本当に意識するようになったのは、ライオネル・リッチーとの出会いからでした。

彼本人に出会う前に、私は彼の曲「セイ・ユー・セイ・ミー」と出合います。

私のビジネスでは、大きな目標を達成した人がその成功を祝うイベントを行います。あるとき片亀君という仲間がイベントを開くというので、お祝いに行きました。そこで彼のスピーチのときに流れていたのがこの曲でした。曲自体も美しくドラマチックですが、目標達成のお祝いの場という感動的な状況で流れていたために、よけいにすばらしく、私は拍手をしながら目頭が熱くなったのをよく覚えています。

実は私もその年、自分のイベントをラスヴェガスで行う予定で、ゲストにビリー・ジョエルを考えていました。でも、片亀君のこのイベントで、「ライオネル・リッチーを呼んで、彼にこの曲を歌ってほしい！」と猛烈に思ってしまったのです。

さっそく先方と交渉をして、めでたく来てもらえることになりました。もちろん、「セイ・ユー・セイ・ミー」も歌ってほしいとリクエストしました。

当日、楽屋へ挨拶に行き、本人に会ってびっくりしました。とにかく、明るいのです。「呼んでくれてありがとう、今日はよろしく！」と、顔じゅう笑顔にしてこちらに近づいてくるのです。その笑顔も、まるで300ワットの電球がぱっとついたみたいでした。彼の笑顔ひとつで、周りが一瞬で明るくなるのです。世界的なスターなのに、この明るさと陽気さはなんなんだ、と本当に驚いてしまいました。

このとき片亀君も連れて行って、彼を呼ぶきっかけになった話を伝えたら、とても喜んでいました。そこで私は「『セイ・ユー・セイ・ミー』を歌うときに、可能なら片亀君をステージに上げて一緒に歌わせてもらえないでしょうか」とお願いしてみました。こんなお願い、普通ならありえませんね。私もわかってはいたのですが、ダメもとで頼んでみました。すると「OK！」と。こちらがびっくりです。

ステージも中盤に差し掛かった頃、彼が「ミスター・ナカジマ！　ユア・パーティー！」と笑顔で私と片亀君をステージに呼びました。そして、「セイ・ユー・セイ・ミー」を一緒に歌ったのです！　会場のみんなも大合唱、ライオネル本人もまた満面の笑みで、盛り上がりに盛り上がったラスヴェガスの一夜でした。彼の明るさとともに、**人を楽しませる才能、そして自分が楽しむ才能**を間近で見たすばらしい時間でした。

この話にはちょっとした後日談があります。このイベントに京都から参加していた仲間の桝本君が、翌日ロサンゼルスへ移動して「マックスフィールド」というセレクトショップへ買い物に寄りました。そうしたらお店に入るなり、奥から店員さんとお客さんが大きな声で笑いながら、それは楽しそうに話しているのが聞こえてきたのです。誰が何のことでそんなに大盛り上がりなのか気になった桝本君の耳に「ナカジマ」という単語が飛び込んできました。なんとそのお客さんはライオネル・リッチーで、店員さんに前日の私のイベントのことを話しているところだったのです。桝本君は軽くパニックになりつつも彼らのところへ行って「私はミスター・ナカジマの友人で、昨日のイベントにもいました」と言ったところ、「ワーオ！　そうなのか！」とライオネルが大喜びで歓迎してくれたそうです。店の外にまで聞こえそうな大声で「昨日のナカジマのパーティーは最高に楽しかった！」と本当に嬉《うれ》しそうだったとのことで、彼にも楽しんでもらえたのならよかった。彼の、**一緒にいる人をとにかくすぐに楽しい気持ちにさせる明るさと陽気さ**を学ばせてもらったお返しには、とても足りないかもしれませんが。

10 伝統文化

TRADITION

生まれ育った国への誇りと矜持

——中田英寿

私は自分の知らないことを知るのが好きです。好奇心も強いので、出会った人がこれまで接点のなかった職業の人だったり、私とまったく違う生き方をしている人だったりすると、俄然《がぜん》興味がわいてあれこれたずねて、いろいろな知識をわけてもらいます。これがとても楽しいのです。

あなたが普段親しくしているのは、どんな人たちでしょうか？

同じ会社の人や、同じ学校の人、近所の人、趣味がきっかけで知り合った仲間、ちょっと思い浮かべてみてください。その中に、あなたとはまったく違う職種や境遇の人、あるいは、あなたがまったく知らないもしくは興味のないものについて詳しかったり得意だったりする人は、どのくらいいるでしょうか？

たいていの人は基本的に、居心地のいい場所が好きです。言い換えれば、変化をあまり好まない。ですから、「自分と違う人」とつきあうのが好きという人はそれほど多くはありません。でも、**世界を広げるという意味では、異質なものを取り入れるというのはとても大事ですし、それが人生に強さや厚み、輝きをもたらしてくれるのです。**

元サッカー選手の中田英寿、通称ヒデも、そんなふうに私の人生をよりすばらしくしてくれる人のひとりで、いつもとても感謝しています。

彼とは共通の友人であるせいあちゃんという声楽家の女性を介して知り合いました。確か、ザ・ペニンシュラ東京の中の「ヘイフンテラス」という中国料理のお店で一緒に食事をしたのが最初だったと思います。私はサッカーには詳しくないのであまり突っ込んだ話はできず、そのときは挨拶程度で終わったのですが、彼はちょっと不思議な空気感の人で、もっと話をしてみたかったな、と気になる存在でした。

ここからが面白いところなのですが、行く先々の意外なところで彼とよく会うようになりました。それがまた、サッカーにはまったく関係のないところで。たとえば、ロベルト・カヴァリというデザイナーがいるのですが、「来日するので一緒に食事を」という話があって行くと、ヒデも呼ばれている。トム・ブラウンというデザイナーのイベントに呼ばれて行くと、ヒデもいる。そんなことが続いて、親しくなりました。

彼は引退して、解説者か監督かと誰もが思っていたのを尻目に、「見聞を広めながら自分にできることを探したい」というようなことを言って世界各地を旅する、ということをしていましたよね。そして戻ってきてからは、「TAKE ACTION FOUNDATION」という一般財団法人を設立し、伝統文化や工芸などを支援するプロジェクトをスタートさせています。その一環として、いろいろな職人の方が作ったものをオークションにかけるというチャリティ・パーティーを開いているのですが、ヒデがこれに呼んでくれるので私も参加していくつか作品を競り落としたこともあります。竹で作られた茶筅《ちゃせん》のオブジェや和紙でできた地球儀など、本当にすばらしいものばかりです。

海外の素敵な場所にあちこち行くと、逆に日本の美しさや快適さ、すごさがわか

るときがあります。ヒデもイタリアやイギリスなどに長くいたうえに引退してから旅をして、よけいに日本のよさというものを認識したのではないでしょうか。だからこういう活動をするようになったのではないかと思います。私も日本は好きで、和のものはいいなと思っていますが、何かそれに対するアクションを起こすわけではありませんでした。しかしヒデは、大好きな日本の伝統や文化をきちんと保存して継承するための啓蒙《けいもう》活動《かつどう》を形にして、動いているところが本当にすごい。私はオークションに参加するくらいしかまだお手伝いはできていないのですが、もっと何かできたらいいなと思っています。

　サッカーであんなに成功したにもかかわらず、それを大事にしながらも、さらに自分のしたいことや方向性を見つけて、しかも結果も出していくなどということは、なかなかできることではありません。それをヒデはやってのける。しかも彼独特の、あのさらりとした空気感で。

　次は何をするのか、いつも驚かせてくれるヒデですが、それについてまた話を聞きながら一緒に食事をするのが楽しみです。

11 気さくさ

FRIENDLINESS

「魅力的」の本当の意味

——ジェニファー・ロペス

仕事柄、国内外の様々なイベントやパーティーの予定がよく入ります。そこでは企業のトップから人気俳優、一流アーティスト、スーパーモデルからプロアスリートまで、いわゆる「有名人」「セレブ」と呼ばれる人たちと知り合うことがあります。そういった華やかな方々とたくさんお会いして思ったことは、**一流になればなるほど、人に対する態度がきちんとしている**ということです。もてはやされても、ちやほやされても、偉そうにしたりわがままなふるまいをしたりなどはけっしてしません。見るべきものが見えていて、聞くべきことが聞こえていて、地に足がついている、という印象です。さすがだな、と思います。しかし、さらに超のつく一流の人は、この上を行くということを知りました。こちらが面食らうほど、みなさん、気さくなのです。

この本に出てくる方々はみな超一流で、みなとても気さくです。中でも、私が心底驚いた気さくさを持っていたのが、ジェイローことジェニファー・ロペスです。

彼女と初めて会ったのは2013年の2月でした。大阪の京セラドームで日本アムウェイのイベントがあり、クリントン元大統領と私がゲストスピーカーで呼ばれ、ジェニファーがエンターテインメントのゲストで呼ばれたのです。

会って話して本当にびっくりしました。なにしろマドンナやレディー・ガガなどを相手に『フォーブス』誌の選ぶ「最もパワフルなセレブ」の1位に輝いたりする人気アーティストであり女優です。いかにも「セレブ」という感じなのだろうな、と思っていた**私の予想を180度ひっくり返す気さくさ**で、もうフレンドリーこのうえありません。にこにこしながら普通に話しかけてくるのです。売れる前に大阪にちょっといたことがあるらしく、「大阪、すごく好きです！」といったことをステージでも言っていて、イベントも大盛り上がりでした。

これだけでも彼女の印象はものすごくよかったのですが、話はまだ続きます。その後、アムウェイが「TRUVIVITY（トゥルーヴィヴィティ）」という美容サプリを新しく出すときに、なんと彼女がそのミューズになったのです。彼女くらいのセレブが日用品の会社のカタログに載るなんて、普通では考えられません。向こうも、もともとは企業や商品のイメージモデル的な仕事は受けないそうなのですが、アムウェイの商品ならば、と実際に自分でも試してみて気に入ったので「やります」となったそうなのです。

そのプロモーション用のＤＶＤの撮影をすることになり、私も呼ばれてロサンゼルスへ行き、そこで彼女と再会しました。会うなり「ナカジマサーン！」と、またしてもこちらがびっくりするほどの気さくさでした。商品のことで盛り上がり、京セラドームのイベントのときの話で盛り上がり、終始和やかな雰囲気の中で撮影が終了しました。この撮影に行く前に、彼女にちょっとしたお土産代わりにと、ロサンゼルスのセレクトショップでスカーフを選んで持っていったのですが、「あら、嬉《うれ》しい！」と、それはもう喜んでくれました。よかった、とほっとしたのですが、見ていたらそのスカーフを、スタジオにいる間中ずっと身につけているのです。本当に嬉しそうに、スタッフに「似合う？」と聞きながら。

彼女があんなに人気のあるアーティストで、「最もパワフルなセレブ」の1位に選ばれる理由がわかった気がしました。

もともととても美しい人ですし、セクシーだし可愛《かわい》らしいし、それだけでも十分すぎるほどなのですが、**自分に向けられる愛情を素直に受け入れる才能がもう抜群**だと思いました。そして、その向けられた愛情を、「応援してくれてありがとう」「好きになってくれてありがとう」「認めてくれてありがとう」という気持ちにして、もらった以上に返す。それが心から伝わるから、みな彼女をもっともっと好きになるし、応援するし、リスペクトするのだと思いました。「魅力」というと、ひきつけるというイメージですが、彼女の魅力は、**ひきつけるだけではなくて、自分からも近づいていくような、飾らない純粋な輝き**。そんなもののような気がします。人に好かれるより先に、自分から好きになる、だからさらに好かれる、という好循環の見本のようでした。彼女ほどには難しいかもしれませんが、自分もこんなふうに誰に対してもオープンマインドでいられたらいいな、と思いました。

12

集中力

CONCENTRATION

「今、このとき」に100%の自分で臨む

――ロジャー・フェデラー

スポーツの中でもとくにテニスが、観《み》るのもするのもいちばん好きな私の大好きな選手のひとりが、ロジャー・フェデラーです。2001年のウィンブルドンの4回戦で、当時世界ランキング1位で圧倒的な強さを誇っていたピート・サンプラスを撃破してから、あっという間にランキングを上げてナンバーワンになりました。

グランドスラム男子シングルス最多優勝・歴代最長世界ランキング1位・通算獲得歴代最多賞金など数々の記録を塗り替えてきた、史上最強のオールラウンダーと言っても過言ではない選手です。

私はグランドスラムの4大大会も、スケジュールがゆるす限り海外まで観戦に行ってしまうのですが、様々なコートでいろいろなフェデラーを見るたびに思ったの

が、**他の選手と比べて集中力の波が本当に少ない**ということでした。もちろん彼も人間ですから、ミスをすることもありますし、体調が万全でないこともありますし、結果として負けてしまうときもあるでしょう。しかしなんというか、これは私の勝手な印象なのですが、体調不良やミス自体も少なければ、たとえばミスのせいでメンタルがおかしくなってゲームの流れに支障をきたす、ということが最小限のような気がします。コートサイドで観ていても、テレビで観ていても。

そんな彼のプレーはもちろん私のお手本ですし、仲間と集まって行う深夜テニスでの私のモチベーションのひとつです。

あるときその深夜テニスで、仲間と打ち合いをしながら、「もし誰か選手と試合ができると言われたら、誰とやりたいか」という話になりました。みな口々に好きな選手の名前を挙げる中、私は「フェデラーとできたらいいな」と思いました。

神様がどんな気まぐれを起こしたのか、あるときそれが現実になるのです。

友人と一緒に有明コロシアムへＡＴＰのトーナメントを観に行ったときのことです。その日は、選手同士の試合の他に、会場から抽選で選ばれた一般のお客さんが選手と試合をする、というコーナーがありました。へえ、どんな人がどの選手とするんだろう、そう思っていたら、アナウンスがあり、「それでは、フェデラー選手と試合をされる方……世田谷区の中島薫さん」と言うではないですか！

なぜそんなことになったかというと、会場に入るときに何かアンケート用紙のようなものを配っていて、いつもは受け取らないのにその日に限って受け取って、ご丁寧に記入して出してしまったのです。何のためかもよく読まずに出しているので、内容も覚えていない、つまり、「これを書くことで選手の誰かと試合ができるかもしれない」ということなどまったく頭になかったのです。それが当選、しかも私の相手がフェデラーというのは、もうどういうことなのかさっぱりわかりません。わかるのは、**とにかく私はコートに出て行ってフェデラーと試合をしなければいけない**、ということです。

家から着てきたTシャツ姿で出て行ったら、コートにフェデラーが立っていて、「最初のサーブはあなたが絶対取れない球を打ちますので」と。その言葉通り、気がついたらボールはもう私の横を抜けていき、観客は大喜び。緊張とそして球のあまりの速さとで固まっている私にフェデラーがにっこり笑って「次は取れますよ」と言って打ってきたのがゆるい球で、これを打ち返して、彼も打ち返して……と、ラリーが続きました。夢のような何分間かでした。

終了後に一緒に記念撮影をして、サイン入りのウェアをいただいたのですが、ファンとして感激で鳥肌が立ちながら、私は彼の「どんなときでも集中して100%やりきる、そして楽しむ」という姿勢に心底感動しました。こんなのはただのファンサービス、と思って適当にやることなんていくらでもできますし、終わったあとにさっさと帰ることもできたでしょう。でも彼はコーナーの間中、偉そうにもしないし、かといって手抜きをするわけでもなくプロとしてきちんと私の相手をしてくれ、そのうえとても楽しそうにいろいろなプレーを見せてくれました。さすがだな、と思いました。そして、テニスでなくとも、普段の物事にこういうふうに取り組めたら、結果が明らかに違ってくるはず、自分もビジネスに生かしてみよう、とも。

ひとつのことでナンバーワンになった人からは、学ぶべきことは本当にたくさんある、と思った日でした。

13

感動

EXCITEMENT

心を、そして体を動かすもの　――ベイビーフェイス

最近、どんなことに感動しましたか？

「感動」というと、何かすごいことが起きなければならないと思うかもしれません。でも、そんなことはありません。**感動とは、何かを感じて心が動くこと。**つまり、「！」のついた言葉が出てくるということです。

一日の間に何度くらい、自分の言葉の最後に「！」がついているでしょうか。

小さなことでいいのです。朝からよく晴れていたら「いいお天気だなあ！」、難しい仕事を終わらせて「できた！」、友人から旅行のお土産をもらって「嬉《うれ》しい！」、おいしいものを食べて「おいしい！」、きれいなものを見て「きれい！」でも。

感動はとても大事です。私はいつも友人たちに**「感動は人生のステイタス」**と言

っています。生きている間、どれくらい感動できるか。それが生き方の質を決めると言ってもいいかもしれません。私は基本的に好奇心が強く面白がり屋なので、なんでもすぐに「何それ、教えて！」となり、教えてもらうと「すごい！」「面白い！」となり、「自分もやってみたい！」となります。**心が動くだけでも人生はかなり変化しますが、そのあとに体も動くと、さらに思いがけない展開がやってきます。**

はじまりがこの感動で、そのあと次から次へといろいろな感動がやってきたのが、ベイビーフェイスとの出会いでした。

彼の曲でとても好きなもののひとつが「Every Time I Close My Eyes」なのですが、最初に耳にしたときにあまりの美しさに「この曲、素敵!!　すごくいい！」と「！」マークの連発でした。調べてみたらこの曲は第40回グラミー賞で最優秀ポップ・ソロ・パフォーマンス賞にノミネートされており、さらに大好きなマライア・キャリーがバックコーラスで、そして親友のケニー・Gがサックスで参加しています。「何これ！　すごい偶然！」とまたしても「！」です。これは何かの縁だ、と勝手に思い込み、そのあと予定していた自分のイベントのエンターテインメントのゲストとして彼を呼びました。あとで調べて知ったところによると、彼は歌手であるとともにマドンナやホイットニー・ヒューストン、エリック・クラプトン、ボーイズⅡメンなど超一流アーティストのプロデュースもするすごい人だったのですが、こちらが**「あなたの曲がすばらしくて大好きです！」というマックスのテンション**でお願いしたせいか快く引き受けてくれ、「！」マークだらけの、それは盛り上がったステージになりました。

終演後に彼とマネージャーと、バンドのメンバーやスタッフも一緒に私の家でお寿司《すし》を食べることになったのですが、大喜びのベイビーフェイスを見ながら私はふと「ここで『Every Time I Close My Eyes』を歌ってくれないかな……」と思いました。私の家にはかなり大がかりなカラオケの機材があるのです。思ったら即行動の私は彼に「カラオケってやったことある？」と聞きました。「ない」と言うので、彼のマネージャーが目を白黒させイベント会社の人がパニック状態になっている中、どさくさで音楽をかけてマイクを渡しました。すると歌い始めたのです!!途中からバンドのメンバーも参加し、あまりのすばらしさに一同うっとりです。それですっかり乗ってしまった彼がさらに何曲か歌ってくれて、私はこれ以上感動できないというくらい感動して、「！」以外の言葉が出てきませんでした。

人を感動させることができるというのは、大きな才能ですが、彼のこの歌と作曲の才能は、本当に神様からの贈り物だな、と、歌声を聴きながら陶酔していました。この夜のことは、ステージも含めてあまりにすばらしかったので、私はしばらくの間、知っている人のほぼ全員にどれだけ感動したのかを説明しまくっていました。

私のこの感動ぶりに彼のほうでも感動したらしく、私たちはそれですっかり意気投合して親しくなったのですが、ここでひとつ面白い後日談があります。

しばらくして私がアメリカに行ったときにケニー・Gの家に寄ったら、彼がアーティストの友人たちをたくさん呼んでいました。私を驚かそうと、彼が有名どころを集めていたのですが、ベイビーフェイスはいませんでした。ケニーから「ベイビーフェイスも来たがってたんだけど、今日は彼の結婚式だからだめみたい。カオルに会えなくて残念がってたよ！」と聞かされ、もう感激も感動も通り越して驚愕《きょうがく》でした。次に会うときは、私が彼に感動を贈れるよう、考えておきたいと思います。

14 センス

TASTE

「大差」を生み出す「微差」を使いこなす力量 ――エデエンヌ

私の友人で、エデエンヌという女性がいます。カナダ生まれのハイジュエラーで、大学院で映画を学び映画業界で活躍したあと、45歳で宝石学の学位を取得してジュエリーデザイナーの道に進んだという、ちょっと変わった経歴の持ち主です。スタートこそ遅いもののその才能が花開くのは早く、あっという間にモナコ王室やセリーヌ・ディオン、リュック・ベッソンといったそうそうたる顧客リストを持つようになりました。そんな彼女のところには、名だたる超一流ジュエリーブランドから、それこそ山のようにスカウトの話が来たのですが、それらをすべて袖にして、自分のブランドを立ち上げました。

彼女の作品には、植物や動物、子ども時代の思い出、おとぎ話、映画、人物など様々なジャンルから受けたインスピレーションが表現されていて、そのひとつひとつにストーリーがあります。私もブローチなどエデエンヌの作品をいくつか持っていますが、身につけるときはもちろん、見ているだけでも、彼女の作り出す夢のような世界にひきこまれてしまいます。ジュエリーをアクセサリーからアートの域までに引き上げた彼女の作品のセンスは、本当にすばらしい。やがて日本でも展示会などが開かれるのではないかと思いますが、そのときはぜひたくさんの人に見ていただきたいと思っています。

ところで私は普段から、「センス」というものをとても重要視しています。服や靴などのファッションに関するセンスから、料理、音楽、会話、文章まで、ありとあらゆるものに関して、できるだけセンスを磨きたい。**どんな分野でも、センスのいい人というのは、人生を上手に楽しむことができるからです。**

この「センス」という言葉ですが、改めて意味を考えると意外とつかみどころがありません。感覚、思慮、良識、判断など、いろいろに使えます。

私が定義する「センス」は、**「『大差』を生み出す『微差』を使いこなす力量」**という感じです。**物事において、ほんのちょっと、たった少しの違いが、驚くほど大きな差を生み出すもの**ですが、この小さな違いを最適に使いこなすことができるようになると、人生のあらゆる場面でものすごく役に立ちます。というのは、センスのいい人というのは、同じようにセンスのいい人をひきつけるからです。

センスは誰でも持っていますが、磨かないとよくなりません。ということは、磨けるということです。コツはいろいろありますが、たとえば「美しいもの、上質なものに積極的にふれること」「センスのいい人のまねをすること」「好奇心を持って物事を見て、まず受け入れる」、それに「考えすぎずに、直感に素直に従うこと」などでしょうか。すると自分がどんどん変わっていくのがわかるはずです。

そういえばエデエンヌがジュエラーを目指したのも、この直感が関係しています。あるとき、スキューバダイビングで海に潜った際に光が水の中で揺れる様子に心を打たれ、「こんなふうに美しく光るものを自分も作りたい」と思ったのがきっかけだったそうですが、**彼女は「感動するセンス」もよかったということですね。**

エデエンヌと知り合って彼女のセンスに影響されることでもたらされたたくさん

の出会いがあるのですが、そのうちのひとつが、ナポレオンの子孫との出会いです。

　あるときパリへ行き、そこでちょうどエデエンヌがオルセー美術館で個展を開いているということで観《み》に行きました。見学しながらエデエンヌを捜していたら、館内の一角で何やら男性のインタビューのようなものが始まって、それがシャルル・マリー・ジェローム・ヴィクトル・ナポレオン・ボナパルトへのインタビューだったのです！　ナポレオン・ボナパルトの直系の子孫ではありませんが、彼の弟ジェロームの子孫の方だそうです。世界史で習った人の子孫を目の前にしてびっくりしていたら、そこにいた館長が彼を紹介してくださり、通訳を介して少しだけお話をしました。何年か前に日本でナポレオン展が開催されたことなどを話し、**すごい人はすごい人との縁を連れてくるのだなあ**、と改めて思い、そして、こういう出会いがあるということは、自分の「出会いのセンス」も少しは磨かれてきているのかも、と嬉《うれ》しくなりました。

　あなたもぜひ、いろいろなセンスを磨きながら、生き方自体のセンスを磨いてみてください。

15 情熱

ENTHUSIASM

「好きなもの」へ捧《ささ》げるエネルギー

——ピーボ・ブライソン

仕事でも趣味でも、**目の前のやるべきことを好きになり、集中し、そして思い切り楽しんで行う。**これは私がいつも心がけていることのひとつです。自分の持っている情熱のすべてを傾ける、ということですね。

私の友人や会社のスタッフなども、こういったタイプの人がとても多いのですが、これまで出会った人の中でもとくにこの情熱の傾け方がすごいと思うのが、ピーボ・ブライソンです。

彼はアカデミー賞やグラミー賞を受賞しているアメリカの歌手ですが、名前を知らないという人でも、ディズニーアニメ『美女と野獣』の主題歌「ビューティー・アンド・ザ・ビースト～美女と野獣」や『アラジン』のテーマ「ホール・ニュー・

ワールド」を歌った人、といえば「ああ！」と思うのではないでしょうか。前者ではセリーヌ・ディオンと、後者ではレジーナ・ベルとデュエットし、どちらも映画とともに大ヒットしています。

ある年に横浜アリーナで私がイベントを開催したときにエンターテインメントということで歌ってもらったのが、彼と仲良くなったきっかけでした。

もともと日本が好きなようで、何度も来日コンサートを開いている彼ですが、私のイベントのときもすばらしいステージを披露してくれました。

人気も実力も申し分のないベテラン歌手なのですが、その歌のうまさもさることながら、**歌っているときの「熱量」というものがものすごい。**リハーサルのときから、「何もそこまで本気を出さなくても」とこちらが思ってしまうくらい、情熱と魂をこめて、そしてこれ以上ないというくらい本当に楽しそうに歌うのです。しかもここがすごいのですが、こんなに全力投球で歌っているのに、暑苦しいとか押しつけがましいというところがまるでなく、聴いていて気持ちがよいのです。こんなことを改めて思うのも何か変なのですが、「ああ、この人は歌うのがものすごく好きで好きでしかたないんだな」と思いながら、彼の歌に酔っていました。

このステージがイベントのお客にもとても好評だったので、彼には別のイベントのときにもエンターテインメントをお願いしました。また、彼も来日するときには律儀なくらいコンサートに招待してくれ、そのたびに「このステージに命をかける」というくらいの迫力の歌を聴かせてくれます。

あるときなどはスタッフと一緒に私の家に来て、カラオケで自分の曲を歌ってくれたことがありました。実はこのとき、彼のマネージャーから「カラオケなどはやりませんから」と釘をさされていました。しかし、それであきらめる私ではないので、それとなくチャンスをうかがっていました。それは意外と早く訪れました。私はその日、トム・ブラウンのピンクのジャケットを着ていたのですが、ピーボが「そのジャケット、いいね!」「どこの? トム・ブラウン? 素敵だね」と、しきりにほめるのです。そこで私は、「そんなにこのジャケットが気に入ったのなら、さしあげましょうか。そのかわり、1曲歌ってくれませんか?」と聞きました。「OK!」と即答だったので、大好きな「愛のセレブレイション」をお願いしました。デュエット曲なので、私の友人でジャズ歌手の高須賀はつえさんがいたので一緒に歌ってもらいました。感激して熱唱の彼女以上にピーボは大熱唱、ステージと変わらぬ情熱で、「歌うのが楽しくてたまらない！」という感じで歌っていました。あまりに楽しそうに歌うので、みんなもつられて大合唱で、それはもう盛り上がり、楽しすぎる一夜になりました。

不思議なもので、**自分が情熱を持って何かをすると、他の人にとても伝わりやすいし**、それによって周りが協力してくれる。また、情熱自体も伝染するようです。

このときのピーボの情熱も他の人たちの情熱とお互いに影響しあい増幅しあって、とても密度の濃いひとときでした。

あたりまえのことですが、情熱は、いやいややっていたら、絶対に出てきません。だから、**好きなことをやるときのパワーの出し方を習慣にしてしまうのです。**そうすると、何をするときにもうまくいきやすくなります。

「好き」と「楽しい」を人生の推進力にしてしまえたら、生きるのがかなり楽に、そして楽しくなる。ピーボの歌を聴くと、いつもこのことを思い出します。

16 ユニークさ

UNIQUENESS

唯一無二のもの　――ボレク・シペック

一瞬の出会いが運命の出会いだった、ということが私にはけっこうあるのですが、あなたはどうでしょうか？

普段から自分の心の声に耳を澄ませ、「あ！」と思ったらすぐ一歩踏み出すくせをつけていると、運命の出会いというものは意外とうまくつかまえることができます。あるいは、普通の出会いを運命の出会いに変えてしまうこともできるのです。

私とボレク・シペックとの出会いも、またこのような出会いでした。

彼は世界的に活躍するチェコのアーティストで、建築やガラス工芸、家具や照明器具などのデザインを手がけます。チェコのハヴェル大統領から政府迎賓館であるプラハ城の改装責任デザイナーに任命され、すばらしい業績を残したほか、国際的な賞をいくつも受賞していて、ドイツの大学で教鞭《きょうべん》をとっていたこともあります。

本人との出会いの前に、彼の作品と出合います。何年か前にチェコに行ったとき、タクシーに乗ってプラハの街を観光していました。初めて訪れる地で何を見ても珍しく、タクシーの窓から子どものように興奮して街の様子を眺めていました。そのとき、ぱっと目に入ったお店があり、「あ!」と思った私は運転手さんに「さっき左側に見えた、ガラスのお店に行きたい」とお願いして、戻ってもらいました。

ショップには様々なボヘミアン・クリスタルのグッズが置いてありました。その中で私の目をとらえて離さなかったのは、なんとも不思議な形をしたボヘミアン・クリスタルの彫刻や置物の一群でした。デザインも色味もとてもユニークで、「こんなの見たことがない」と、私が見入ってしまったその作品たちが、シペックによるものでした。ちょうど家を新築しているところで、飾るものが欲しいと思っていた私は彼の作品をいくつも購入しました。店員さんに「これを作った人はどんな人なのか」と聞いたら、市内に工房があるアーティストなのでそれを見たければ紹介することはできる、と言われました。行ってみたいと思いましたが、もう次の用事があったので、残念ながら次回にということでその場は去りました。でも作った本人には会ってみたかったので、そのあとそれほど時間をおかずに、私はまたチェコへ行ったのです。

シペックのほうも、日本人が自分の作品をとても気に入っていくつも購入したということで、私がどんな人なのか気になっていたそうです。会うと同時に工房に連れて行かれて、作品をいろいろ見せてもらいながら話を聞いた中で、彼がハヴェル大統領と親しくて、御用達《ごようたし》のデザイナーであるというびっくりする話がありました。

さらにびっくりしたことには、彼がそのまま私を大統領官邸に連れて行って、大統領に紹介してくれたのです。**作品もユニークなら行動もユニーク**というか、チェコではそんなに気軽に会えるものなのか私にはわかりませんが、とにかく彼と大統領が親しいということだけはよくわかりました。実際、案内された大統領のオフィスは全部シペックがデザインしていて、インテリアもコーディネートしたのだそうです。

これが縁でシペックとは親しくなって現在に至るのですが、彼の作品を見るたびに、どうやってこんなにユニークなものが作れるのか感心します。私も美術品を見るのは好きですし、他の作家が作った普通のボヘミアンガラス作品もいくつか持っていますが、**そういう単純な「美」とはまったく違うものが、彼の作品の中にはあるのです。**風変わりで、どこにもないもので、不思議な存在感があって、そしてどれも「これはシペックの作だ」とわかる。もしも誰か別の作家が彼の作品をまねて作ったとしても、たぶん本物の足元にも及ばないでしょう。彼の目には、私たちとはまったく違う世界が見えているのだろうなと、うらやましくさえ思います。

一度、東京芸大で彼の作品展をするというときに私がいろいろ手伝ったのですが、すでに彼の作品はたくさん持っているにもかかわらず、私はまた新作をいくつか購入してしまいました。そのくらい、彼の作品には唯一無二の魅力があるのです。

シペック本人もまた独特の雰囲気を持つ人なので、次にいつ会えるだろうと楽しみにしながら、私はいつも家の中に飾ってある彼の作品たちを眺めます。自分が他の人に、このくらいのインパクトのある印象を与えられたら面白いだろうな、などと思いながら。

17

直観

INTUITION

「見抜く」力 ――ダイアナ・ロス

直観の優れている人は、何をやっても成功しやすい。これは私が、様々な超一流の方々と接する機会の中で得た学びのひとつです。一瞬で物事の本質を見抜いたり、大事なことを判断したり、自分のためになるものを選び取ったり。そういうことが意識せずにできるようになると、**人生からよけいなものが排除されていき、必要なものだけがどんどん残る。**シンプルで自由で楽しい生き方ができるようになります。

私がこれまで出会ったたくさんの「直観力の高い人」の中でも、ダイアナ・ロスとの出会いはちょっと特別でした。

彼女と会ったのはもうだいぶ前のことになります。あるとき、私がゲストスピーカーで呼ばれたイベントが東京ドームでありました。かなり大がかりなイベントで、ジョージ・ブッシュ元大統領もゲストスピーカーとして招かれ、エンターテインメントのゲストがダイアナ・ロスでした。

ブッシュ元大統領と私のスピーチが終わり、ダイアナのステージを客席の最前列で観《み》ているときでした。彼女が突然、私の席のほうまで近づいてきて、「ステージに上がれ」というジェスチャーをするのです。いくらなんでもそれはおかしいので、何かの間違いかと思って上がらずにいたら、彼女が私のほうへ手を伸ばしてきました。その手を思わずつかんだら、そのままステージに上げられてしまったのです。どうしたらいいのか困惑している私にかまわずダイアナは「エンドレス・ラブ」を歌い始めて、さらに「歌え」とマイクを差し出すのです。このイベントには私の仲間もおおぜい参加していたので、このハプニングで会場は大盛り上がりです。ダイアナはその様子を見てご機嫌ですが、私は内心冷や汗ものでした。

曲が終わって自分の席に戻ろうとしたら係の人に舞台袖のところでひきとめられて、「ダイアナの楽屋へ来てください」と言われました。いったい何の用だろうといぶかりながら楽屋で待っていたらやがてダイアナがやってきて、通訳を交えて少し話をしました。おかしかったのは、楽屋に入る前に係の人から「サインと写真は絶対にNGですから守ってください」と言われたのを私が丸無視して彼女に「サインしてください、あと写真も撮りたい」と頼んだら「OK！」と何の問題もなく対応してくれたことです。

どうも彼女はステージから私のことを見つけて「この人とちょっと話をしてみたい」、そして「理由はわからないけれど、ステージに上げたらなんとなく面白いかもしれない」と直観で思ったらしいのです。自分でもなぜそう思ったのか彼女自身もはっきりとはわかりかねたようなのですが、でも結果的に会場は盛り上がったのでそれは正しかった。

実は私には、こういう「え、なんで？」と思う出来事がよく起こるのです。私がそういう変な運のようなものを持っていることもまた、ダイアナは感じていたのかもしれません。最後に「あなたみたいな人は見たことがない」と言われましたから。

この話をすると、私のことをあまりよく知らない方は当然ながら「嘘《うそ》でしょう」「そんなばかな」と最初は信じてくれないのですが、ダイアナとステージで一緒に歌っている写真があるのです。その写真を見るたびに思うのが、**「あのとき、自分の直観をもっと磨いていたら」**ということです。

当時の私には、こういうちょっとした偶然をきっかけに変えて、エンターテインメントのアーティストと人間関係を築くことで自分の人生をもっともっと刺激的にする、という発想があまりなかった。今はメールや携帯電話、あるいはスカイプなどで個人的に連絡もしやすいですが、当時はそういった手段がまだあまりポピュラーではなく、アーティストに連絡をとろうとしたらマネージャーに電話やファックス、もしくは手紙という時代でしたし、私には専属の通訳スタッフもいませんでした。たぶんこのダイアナとのことがいつも心の底のどこかにあるから、私はどんなに著名な人でも接点ができたら親交を深めようとしますし、アーティストも普通に自宅に招待したり、一緒に食事に行ったりするのではないかと思います。

ダイアナとのこの一期一会が私に教えてくれた「物事を見抜く力の大事さ」を、つねに忘れないようにしたいと思っています。

18

軸

RESOLVE

どんなときでもぶれない「自分」

――三浦知良

「自分」というものがしっかりと確立している人。自分がすべきことは何かがわかっていて、そのことに集中している人。自分が設定したゴールにたどり着くためなら、その先にどんな困難が待ち受けていようとも、それを楽しみながらクリアしていける人。人の目や外野の無責任な意見に惑わされず、本当に大事なことは何かをわかっている人。そういう人が私は大好きですし、ありがたいことにこれまでの人生で、たくさんのそういった人たちとの出会いがありました。

その中のひとりが、カズこと三浦知良選手です。サッカーに詳しくない人でも知っている、**「すごい」というのはこの人のためにある言葉のような選手です。**

プロサッカーがなかった日本から高校を中退して単身ブラジルへ渡りプロとなっ

て活躍し、帰国してJリーグ開幕から活躍、日本代表としても長期間チームを引っ張りました。日本サッカーとJリーグに対する貢献を見ても、カズなくして現在の日本サッカーはないと言っても過言ではないと思います。そしてなんと言っても、48歳の現在まで現役であることを可能にする、体調管理と高いプロ意識。「生涯現役」という言葉は、彼のためにある言葉です。**この努力と意地とプライドを見習わなければ、といつも思っています。**

カズとはハワイで出会いましたが、実はハワイに行く前日に、ブラジルにいた知人から、当時日本に帰国したばかりのカズのことを聞く機会がありました。私はサッカーには詳しくなかったので、「そんな人がいるんだ」くらいの反応でした。

翌日ハワイに行くときに、空港のレストランで友人と食事をしていたら、後ろのテーブルにカズがいるのです。昨日カズの話を聞いたとたんに本人が目の前に現れてびっくりですが、レストランを出るときもほぼ一緒になり、そのまま私がカズの前を歩くかっこうで搭乗口まで行き、結局、同じ飛行機でハワイに行きました。

ハワイに着いてホテルにチェックインし、部屋のベランダに出てふと隣の部屋のほうを見たら、誰か人がいて、それがなんとカズでした。カズが「ん？」という顔を一瞬したので、私はあわてて中に入りました。今思うと、こちらに何もやましいことはなかったのですから、普通に挨拶をすればよかったのですが、カズの顔から「もしかしてカズは私のことをハワイまで追いかけてきたメディアの人間だと思ったのかも」と勝手に思ってしまい、バツが悪くなってしまったのです。しかしこのあとも、食事をしに友人と出かけた現地の日本食レストランでカズの隣のテーブルになったり、ホテルの部屋から外へ出ようとしてドアを開けるとほぼ同じタイミングでカズも出てきたり、という事態が続きます。4泊の間、何度も何度もそういうことがあり、「どうしよう、絶対に変に思われてる」と私はずっと気になっていたのですが、ここがカズのすごいところで、そのうちに、「おはようございます」とか「こんにちは、よく会いますね」と挨拶してきてくれるようになったのです。

とどめが、最終日にホテルのプールでデッキチェアに寝転んでうとうとしていて、目を開けたら隣のデッキチェアにカズがいたという事件です。もうこうなるとお互い苦笑しながら改めて自己紹介をしあうしかありません。それで帰国してから連絡をとりあい、食事をしたり家に招いたりということがあり、現在に至ります。
長い時が過ぎ、カズはまだ現役のプロサッカー選手で、しかも試合に出て活躍しています。この本をつくっている最中にも現役最年長での得点記録を更新しました。いろいろなことがあり、チームもいくつも変わりましたが、彼はずっと現役選手としてサッカーをしています。彼の中には「サッカー」という軸があり、それは一生なくなることがない。だから彼自身も一生「ぶれる」ということがないのです。

「これがあれば自分は大丈夫」というもの、何が起きてもそこへ立ち戻ればいい場所、そんなものを持っている人は、このうえなく強い。このカズのけっしてぶれない強さは、いつも私のあこがれです。

白分の軸を持ち、それがゆらがないように生きることができれば、人生で何が起こっても平常心でいられます。私も自分のビジネスが大好きで、これを一生楽しみながら続けていくつもりなので、そういう意味ではこれが私の軸であるとも言えますが、カズの軸にはまだまだとうてい及びません。カズの現役最年長得点のニュースを聞きながら、そのすごさにまたため息が出ました。

19 約束

PROMISE

自分の言葉に対する誓い

――ユンディ・リ

約束を守る。これは、私の知っている超一流の方々――企業のトップからアーティスト、アスリート、作家まで――が、「ビジネスで大切なこと」あるいは「人生で大事だと思うこと」「自分が気をつけていること」などでよく挙げる事柄です。

私が好きでよく例に出す話で、作家の森瑤子さんが生前に著書の中で語っていた表現があります。仕事においてプロフェッショナルであるということは、とてもシンプルなことであるそうです。**約束を守ることと、手抜きを絶対にしないこと、それ以外のことは、実にどうでもいいことだ**そうです。私はこれが大好きで、自分も約束を守って手抜きをしない、ということを心がけています。これに「人の喜ぶことをする」をプラスすると私の人生のモットーになります。

これを、自分がするよりも見事に相手がやってのけて、「あ、やられた」と思ったことがありました。ユンディ・リと私の家で卓球をしたときのことです。

ユンディは中国生まれのピアニストです。２０００年のショパン国際ピアノコンクールで、スタニスラフ・ブーニン以来15年ぶりに第1位での優勝を果たし、世界で活躍しています。ショパン・コンクールで中国人が優勝したのは彼が初めてです。

彼は１９８２年生まれなので、優勝当時は18歳の若さでした。加えて「中国のキムタク」とも言われたほどルックスもよかったので、日本でも話題になり人気も出ました。そこで私の知っている出版社が彼の写真集を出すことになり、撮影に私の自宅を使わせてほしいということで、カメラマンや担当編集者とともに彼も私の家にやってきました。屋内のリビングルームや和室のほか、外に出て庭先や屋外プールのそばなど、いろいろなところで撮影をする様子を、私も一緒に見ていました。

撮影が一通り終わったあと、私は「ユンディにうちのピアノで何か弾いてもらうことはできませんか」と聞いてみました。通訳の人は「それはできません」と一度は言ったのですが、そのやりとりをそばで見ていたユンディがふと「ここ、卓球台があるんですね」と言ったのです。これだ！　と思った私は通訳の人に頼んで、ユンディに、「私とユンディが卓球の試合をして、私が勝ったら1曲でいいので弾いてほしい。彼が勝ったら私はあきらめます」と伝えてもらいました。それを聞いたユンディは「じゃあやりましょう！」と言って準備を始めました。ちなみに私はとくに卓球が得意というわけではなく、そしてあとで聞いたらユンディは小学校のときに卓球部だったということで、どう考えても私のほうが分が悪かったのですが、**なぜか私はこういうときに絶対に負けないのです。**

結果、私が勝ちました。そこで家の中に移動して、ユンディにリストの「ラ・カンパネラ」を弾いてもらいました。

リビングルームに流れる「ラ・カンパネラ」は、まるで音の香水か音のワインかといった感じになめらかで美しく、かぐわしく空間を満たしていました。**ここがコンクール会場であるかのような真剣さと集中力と情熱**で演奏するユンディを見ながら、「彼は若いけれど、本物のプロフェッショナルだな」と思いました。素人がいくら頼んだとしても「そういうことはしないんです」と言って断ってもよかったし、卓球で負けたからしかたなく短いバージョンで切り上げるということもできたはずです。それを「約束ですから」と全力で、いっさい手抜きをせずに弾いてくれたのです。それだけでなく、「この家はとても素敵なので、次に日本に来たらまたお邪魔していいですか」と嬉《うれ》しそうに言って、本当にまた来たのです。そして「ここはいいですね、母も連れてきたいです」とも言っていました。自分の家をそんなにほめられたらこちらも嬉しくなってしまうというものです。これが縁で、彼の写真集のお手伝いもすることになり、一緒にザルツブルグへ行ったりもしました。

約束したことをきちんとやる、ということを表す英語で、「keep one's word」という表現があります。「自分の言葉をキープする」、つまり「言ったことを守る」「約束を守る」ということです。ユンディのこの約束の守り方は本当に清々《すがすが》しいほどかっこよく、**勝ったのは本当は彼だったのではないか**、という気さえしました。

この本をつくっているときに、北京で第15回世界陸上競技選手権大会がありましたが、その開会式でユンディがピアノを弾いていました。そのときの私の頭の中には、あの日の「ラ・カンパネラ」が流れていました。

20 意外性

ASSUMPTION

とてもいい意味での「裏切り」

——ビル・クリントン

「ギャップ」という言葉があります。「隙間」や「ずれ」、「差」といった意味ですね。ロンドンの地下鉄の駅のアナウンスで「Mind the gap」というのがありますが、あれがまさに日本語の「電車とホームの間があいておりますのでご注意ください」に当たります。人に使われるときもあります。その人があるとき見せた一面と、別のときに見せた一面の間に大きな差がある場合に、「ギャップがある」と言ったりしますね。**ふと見せる意外な面が魅力につながる場合が多い**と思います。

私の友人にも、ギャップがあってそれがまた面白い人がたくさんいます。柔道の有段者で強面《こわもて》の男性が大変な猫好きで道で猫を見かけると思いっきり笑顔になって話しかけるとか、語学が堪能でいつも洋書を読んでいる女性がカラオケでは演歌一辺倒とか、お酒がものすごく強くて一度にワインを3本くらい平気で飲んでしまう男性が実は同じくらいケーキが好きでケーキバイキングに行くのが趣味とか。こちらが知っている、あるいは勝手に思っていたイメージとまったく違った意外な一面を見せられたとき、**「この人、こんなところがあるんだ！　面白い！」**と、ますますその人に興味がわきます。

私がゲストスピーカーとして招かれた京セラドームのイベントでエンターテインメントのゲストだったジェニファー・ロペスもそうでしたが、同じくそのときにゲストスピーカーだったビル・クリントン元大統領もまた意外性の塊でした。

彼とはステージの袖で一緒になり、そのときにいろいろ話をしました。結論から言うと、私が勝手に思っていた「大統領」「政治家」の概念をまるっきり覆されました。なんというか、ものすごく「普通」だったのです。といって、つまらないとかありきたりとか、そんな意味の「普通」ではありません。ナチュラル、自然、という感じの「普通」と言ったらわかっていただけるでしょうか。

それまで私がテレビのニュースで知っていたクリントンは、32歳で当時アメリカ最年少の知事になり、そのあと第42代アメリカ合衆国大統領になり、巨額の財政赤字を解消しただけでなく2000億ドル以上の財政黒字を達成したすごい人、という感じでした。それが目の前の彼は、もちろん存在感や大物感というものはありましたが、威圧的な雰囲気はいっさいなく、終始おだやかな笑顔で、親しみやすく話しやすい印象でした。

　私がとくに驚いたのは、彼とリッチ・デヴォスの話です。リッチはアムウェイ・コーポレーションの共同創立者で、あるとき彼らは全米の要人が集まる会議で一緒になったのですが、その際にリッチの書いた本を読んで感銘を受けたクリントンが、「これは非常にすばらしい本でした。この本が次に改訂されるときは、ぜひ私に推薦の言葉を書かせてください」と言ったそうなのです。リッチがクリントンに「書いてください」とお願いするのなら話はわかりますが、クリントンがリッチに「私が書きますよ」と言うなんて！　よほどその本の内容が気に入ったのでしょうけれど、**彼のあまりの飾り気のなさというか率直であけっぴろげな態度**に、私はびっくりしてしまいました。

実は私は、リッチがクリントンと会ったということはリッチ本人から少し前に聞いていました。リッチが「クリントンと会って、今度一緒に食事をしましょうと言われたよ」と言っていたのですが、まさかクリントンがリッチに本の推薦文のことでこんな話をしていたとは驚きです。

普段、こういった大物政治家の方と個人的に話をする機会などなかなかありませんし、会話をしたとしてもその人がオープンに素の自分を出してくれるとはかぎりません。まして初対面の相手ならなおさらです。それが、アメリカの元大統領がこんなふうにくったくのない態度で話してくれるのですから、私は半分、夢を見ているみたいでした。クリントンの意外な素顔に完全にノックアウトされた日でした。

元大統領ということで思い出しましたが、以前、帝国ホテルでフォード元大統領と同じテーブルで食事をする機会がありました。そのとき、私が彼に「子どもの頃から大統領になりたかったのですか？」と聞いたら「実はメジャーリーガーになりたかったんです」と笑顔で話してくれました。これもまた、素敵な意外性です。

21

おおらかさ

EASYGOING

「気にしない」人の強さ

――ディオンヌ・ワーウィック

私はどちらかというと物事にあまりこだわらないですし、なんでも直感で決めることが多く、そういう意味で言うとあまり悩むということはありません。そのぶん、細かくいろいろと計画を立てたり段階を踏んだりということは苦手なので、そういったことは部下や友人などにまかせています。いくつかの大事なこと以外は、もうどうでもいいくらいに思っているので、生きるのがかなり楽だと言えます。

気にするべきところは気にしてもよいですが、そうでないところまで気にする人は、人生がけっこう大変なのではないでしょうか。**思い切って、「気にしない」ことを選択してみると、世界ががらりと変わります。**しかも、どんどんうまくいく方向へ変わるのでお勧めです。これは、ある人との出会いで私が確信したことです。

ある人とは、ディオンヌ・ワーウィックです。

ヒット曲も多いアメリカの歌手ですが、洋楽に詳しくない方でも、ホイットニー・ヒューストンの従姉妹《いとこ》といえば「へえ!」と思うのではないでしょうか。

あるとき、私の友人の細見君が企画したディナーショーでディオンヌ・ワーウィックを呼びました。ディオンヌの歌は大好きだし、友人の企画ということもあり、私は大乗り気で参加しました。そのショーのとき、彼女がつけていたネックレスに目が行きました。ダイヤモンドをあしらった大きめのクロスのデザインで、とても素敵でした。私は何の気なしに、隣に座っていた人に「あのネックレス、すごいね」と話しかけました。私のテーブルに就いている人はほとんど私か細見君の知り合いで顔見知りでしたが、たまたま私の隣のその人だけは私の知らない人でした。するとその男性は、「あれは私がデザインしたんですよ」と言うのです。びっくりして話を聞くと、彼はいくつも賞をとっているジュエリーデザイナーで、ディオンヌのネックレスは彼女のために特別にデザインしたものだとのことでした。

私は彼に「あのネックレス、すごく素敵なので、私にも作ってもらえないですか?」とたずねました。すると、「あれは彼女のためのデザインなので、申し訳ないですが……」とあっさり断られました。しかし、ここで引き下がる私ではありません。いかにあのデザインがすばらしく、私が感動したかを訴え、最後は「私が彼女に会う機会なんてないと思いますし、お願いします!」と押し切りました。

できあがってきたネックレスはやはりすばらしく、とても気に入ってよくつけていました。あるときイタリアのサルデニア島へ旅行に行くことがあり、そこへも持っていきました。ところが、そこで信じられないことが起こります。泊まっていたカーラ・ディ・ヴォルペというホテルのレストランで夕食をとっていたら、その日のエンターテインメントのゲストがなんとディオンヌだったのです。しかも私はあのネックレスをつけていました。その場で外したのでは間に合わないので、彼女から見えないようにと体の向きを変えたり手でそれとなく隠したりしていたのですが、それが逆効果だったのか、彼女が私に気づいて、ネックレスを見て「あら」という顔をしました。そして、自分もつけていたクロスを胸元から取り出して「ほら、これ!」という感じで私に見せたのです。何が起こったのかわかりませんでした。シヨーのあとで楽屋へ呼ばれたときは、もう絶対にネックレスのことを聞かれるだろうから、どう説明しようかずっと考えていました。しかしディオンヌは怒るどころか笑顔で迎えてくれて、「同じものを作ってくれたのね、嬉《うれ》しいわ！」と言うのです。**まったく何も気にしておらず、「なぜ同じものを持っているのか」ということすら聞きませんでした。**逆に、同じものを作るほど自分のファンなのだと思ったみたいなのです。このおおらかさはなんなんだ、すごい人だな、と思いました。もちろん、ますますファンになったことは言うまでもありません。

このネックレスについては後日談があります。このあとしばらくたって、彼女が来日したときに、ライブを観《み》に行って再会しました。彼女はそのときもこのネックレスをつけていました。そして私の顔を見るなり「あなたのこと、覚えてます」と言ったのです！「あのネックレスを今日はつけてきました」と言ってネックレスを見せると、「嬉しいわ！」とまた破顔一笑。あのネックレスをつけると、彼女のこのおおらかさのパワーも身につくような気がして、私のお守りのようになっています。

22 ワイン

WINE

楽しい時間のパートナー

―― デイヴィッド・ピアソン

私はお酒が大好きです。最近では日本酒もよく飲みますしビールや焼酎も好きですが、いちばん飲むのはワインかもしれません。お酒はそれ自体も好きですが、料理に合わせる楽しみがあったり、仲間といろいろなことを話しながら盛り上がる時間をつくり出す役目もしてくれたり、そしてひとりでゆっくりくつろぐときの相手もしてくれる、私にとっては欠かせないパートナーです。**こういう存在があると、人生にちょっと厚みが出ますね。**もしもあなたが未成年だったり、お酒は苦手だったりしたら、代わりに何かお気に入りの飲み物を思い浮かべてみてください。それを飲むときの状況や気分なども一緒に。

ワインの中でとくに好きなのが、カリフォルニアの「オーパス・ワン」です。このワインは、シャトー・ムートン・ロスチャイルドというボルドーメドック格付け第1級のワイナリーを所有するフィリップ・ド・ロスチャイルド男爵と、カリフォルニアワイン界の重鎮であるロバート・モンダヴィ氏が作り上げた世界最高峰のワインです。「オーパス・ワン」の「オーパス」はラテン語で「傑作」「音楽作品」などの意味を持つ言葉で、それに「最高品質かつ唯一無二のワインをつくる」という彼らのスタイルを表す英語の「ワン」がプラスされてできた名前です。あるとき知人からプレゼントしてもらって飲んだのが出合いですが、「何これ！　おいしい！」とびっくり。あまりのおいしさに、酔うどころか目が覚めるくらいでした。以来ずっと大好きで、**ここぞというときに開けて飲む、私のとっておきです。**

このオーパス・ワンのワイナリーを、あるとき訪れる機会がありました。ミュージシャンで親友のケニー・Gに招かれて彼とアメリカの西海岸を旅したときに、途中で立ち寄ったのです。私がオーパス・ワンが好きだということを知っていたケニーからのサプライズでした。

ワイナリーの中を見学できることになり、係の方が私たちを案内してくれました。

彼方《かなた》まで広がるぶどう畑から、一般施設、セラーなどを見て回り、もちろん、見学の最後には様々なヴィンテージのオーパス・ワンも試飲させていただきました。

そのあとで、CEOのデイヴィッド・ピアソン氏のオフィスに招かれ、ワイナリーの歴史やオーパス・ワンのブランドに関するストーリーをいろいろ聞くことができました。

このオーパス・ワンの生産では、「時」と「場所」にとても強いこだわりがある、という話でした。季節の経過がもたらす、ぶどうの実がなり成熟していく過程。そのぶどうに独特の個性を与える畑の地形や地質や気候。そして、この「時」と「場所」のふたつの要素をまとめるのが「人」、つまりワインをつくる人間なのですが、このワイナリーの「人」の代表のピアソン氏に会えたことは本当にラッキーでした。

オーパス・ワンが今やナパ・ヴァレーを代表するワインのひとつとなっていることについて、その成功の秘訣《ひけつ》はなんですかと聞いたときにも、彼は「人かな」と言っていました。つまり、ぶどうを育てる人、ワインを醸造する人、できあがったワインを売る人、買ってくれる業者の人、そして最終的にワインを飲む人まで、**最高**

のチームを作ることが、最高の品質を生み出すことにつながる、というようなことを言っていたのです。なるほどな、という感じでした。ここのワイナリーは、とにかく最高品質のワインをつくってそれをお客が楽しんでくれることを本当に大事にしているのです。私の勝手な印象ですが、このことを、どれほどの量を生産して売るか、そしてどれほどの売り上げを挙げるかよりも大切にしているんだろうな、という気がしました。また、それを実践しているというのはすごいことです。

ピアソン氏に会って、オーパス・ワンがますます好きになってしまった私は、以来、このワインを飲むときには、このワインが私の手元に届くまでのストーリーやドラマ、そしてピアソン氏はじめ関わっているあらゆる人のことを想像しながら飲むようになりました。

こういう飲み方ができるお気に入りの飲み物を、あなたもぜひひとつ持ってみてはいかがでしょうか。

23

可能性

POTENTIAL

期待とともに思い描く未来

——スカイラー・グレイ

いいな、と思ったものはすぐに人に伝えたくなる私は、同時に、**まだあまり知られていないだけでこれからものすごいことになりそうなものを探す**、ということも大好きです。こういったことには私はわりと鼻がきくようで、これまでにも「これはいい！　これからはやる！」と思った若手ミュージシャンがブレイクしたり、あるいは自分で「今年はこの色を自分のテーマカラーにしようかな」と思った色がその年のトレンドカラーに選ばれていたり、注目していたら人気が出た、という物事がけっこう多いのです。

私がラスヴェガスで開催した自分のビジネスイベントにゲストとして呼んだスカイラー・グレイも、その**「可能性」**が気に入って呼んだアーティストです。

彼女のことをよく知らないという人は、ぜひ覚えておくといいと思います。日本ではまだそれほど知られていないだけで、もうすでにアメリカでは人気歌手として認知されていて、これからもっともっと売れていくでしょうから。彼女は自分が歌うだけでなく他のアーティストへの楽曲の提供もし、手がけたシングル作品は世界でのべ2500万枚を売り上げたと言われています。2015年に公開された映画『フィフティ・シェイズ・オブ・グレイ』のサウンドトラックにも曲を提供しました。

彼女を知ったのは、2011年のグラミー賞授賞式の様子をテレビで見ていたときでした。エミネムとリアーナが最優秀レコード賞をはじめ5部門にノミネートされていた「ラブ・ザ・ウェイ・ユー・ライ」を歌っていたのを聴いて、一瞬で大好きになったのですが、この曲をもともと作ったのがスカイラー・グレイという女性歌手であると知り、興味を持ちました。彼女の他の曲を聴いてみたらどれもすごくいいので、「いつか自分のイベントに呼ぼうかな」と思っていました。

ラスヴェガスのイベントは、もともとブルーノ・マーズを呼びたいと思っていました。彼も、まだデビューしたての頃に偶然知って、「この人は売れる！」と思っていたのですが、思っていたよりもさらにすごいスピードで売れて人気が出てしまったので、私がイベントの企画に手をつけた頃には、ちょっとブッキングができないくらいの売れっ子になっていました。そのとき私が「もう少し早くオファーしておくんだった」と後悔したのは言うまでもありません。そこで代わりのゲストは誰にしようか考えていたところに、ふと思い浮かんだのがスカイラーでした。

ラスヴェガスのステージはこれ以上ないくらいに盛り上がり、それ以来、親しくさせてもらっています。17歳でユニバーサル・ミュージックと契約をしてもう12年のキャリアと実績を持つ売れっ子なのに、彼女もまたいっさい気取ったり偉そうだったりということがありません。自然体でシンプルで、大人っぽいのに子どものような素直さも持っている。日本が好きで茶道に興味があるというので、来日したときに私の自宅の和室で薄茶をたててご馳走《ちそう》したらとても喜んで、「お礼に」と、なんと鶴を折ってくれました。

ソルトレイクシティーの彼女の自宅にも招待されて行ったことがあるのですが、そのときにひとつ面白い出会いがありました。近所のレストランで彼女と食事をしていたら、「知り合いが来てます。薫さんにも紹介しますね」と紹介してもらったのが、なんとセージ・コッツェンバーグでした。彼はソチ五輪のスノーボード・スロープスタイルの金メダリストですが、彼もまたとても自然体で、気さくで話しやすい若者でした。会ったばかりなのになんだかとても気が合って、彼が次に日本に来たら一緒に食事に行く約束までしてしまいました。私はいつも思うのですが、**いい人はやはりいい縁も連れてきてくれるものなのです。**スカイラーのおかげでまたひとついいご縁が生まれました。

彼女を見ているといつも、「この人はどうなっていくんだろう」という思いがあります。伸びしろが大きくて、変化の方向性も多様なイメージです。次はどんな彼女を見せてくれるのか、わくわくしてしかたがありません。

可能性があるというのは、ある意味、最強なのではないかと思います。今よりもさらに進化した自分になれるかもしれないのですから。**いくつになっても、どんなときでも、自分を限定せずに、「自分にはまだまだ可能性がある」と思える生き方ができたら、人生は格段に面白くなりますね。**

24
おもてなし
HOSPITALITY

「また来たい」と思える時間と空間の贈り物
―― 松久信幸

「おもてなし」。２０２０年の東京オリンピック招致の際に話題になった言葉ですが、私の中ではずっと前から、ノブさんこと松久信幸さんを表す言葉です。

ノブさんは世界中にレストラン「ＮＯＢＵ」を展開するすばらしい料理人であり経営者というのは周知の事実ですね。高校を卒業してから東京のお寿司《すし》やさんで修業して、その後なんとペルーへ渡って日本食レストランを開業。**もうこれだけでとんでもないガッツのある人という印象ですが**、そこからさらにアルゼンチンへ行き、アメリカのアラスカ州、ロサンゼルスときて、ビバリーヒルズにレストランを開店します。ここで運命の出会いがあります。お店の常客だったロバート・デ・ニーロから共同経営の誘いを受けて、ニューヨークに「ＮＯＢＵ」をオープン。このあとさらにジョルジオ・アルマーニとの共同経営でイタリア・ミラノにもオープンするなど、「NOBU」は伸びていきます。

ノブさんともまた不思議なご縁でした。あるときロスでマイケル・ジョーダンが出るNBAの試合を観た帰りに、旅行会社の人に「ここがおいしいですよ」とすすめられて、仲間と一緒にノブさんのお店へ行きました。

お店に入ったとたん、アクリルケースに入れられ飾られていたジェフ・ハミルトンのジャケットが目につきました。ノブさんのために作られた特別なもので、サイン入りです。驚いて、ノブさんの奥様の洋子さんに「ジェフはよく来るんですか?」と聞いたら、「はい、よくお見えになります」と。ジェフにジャケットを作ってもらいたいとずっと思っていた私は、洋子さんにジェフの連絡先を聞いたところ、その場で電話をしてくれ、ジェフがあとで私のホテルに来てくれることになりました。それがきっかけでジェフとも親しくなりました。

ノブさんはそのときはいなかったのですが、すぐまたロスに行く機会があったので、お店へ行ってみました。今度はいたので、洋子さんともども、ジェフの件のお礼を言うことができました。それからずっと、お世話になっています。

ノブさんのお店は、基本的に日本料理、でも伝統的な和食ではありません。日本料理の精神はそのままに、様々な国の料理のテイストをノブさんなりのセンスで取り入れてアレンジした、**どこの国のどんな人でも食べやすい「新しい和食」**です。若くして独立してから複数の国々、しかも日本とはまったく異なる文化の中で経験したことが、きっと生かされているのではないかと思います。自由な感じがしますよね。実際、料理も「こうでなければいけない」ということはなく、お客さんからのリクエストにも可能な限りこたえるのだそうです。その「おもてなし」の心が伝わるからこそ、お客さんは「また来たい」と思うのでしょう。

ところで、ノブさんのおもてなしには別のものもあります。**人をつなげる、つまりお客さん同士を仲良くさせてしまう**のです。もちろん、お店に来る人全員にそんなことをするわけではありません。「この人にはこの人を紹介したらいいかもしれない」という独自の勘がはたらくと、ノブさんの出番です。私もそれでケニー・Gやジェフ・ハミルトン、ロバート・デ・ニーロやジャッキー・チェンなどを紹介していただきました。おまけに、紹介のしかたがものすごくうまい。その人をさりげなくほめながら、人となりをわかりやすくまとめて伝えるのです。これはいつも感心するところで、「こういうふうに人を紹介できたらいいな」と思ってしまいます。

そんなノブさんですが、これまでの人生は順風満帆ではなく、むしろ、ご苦労のほうが多かったのではないかと思います。お父様を小学生のときに亡くされていますし、慣れない海外では生活するうえでいろいろと大変だったと思います。お店がうまくいかないときもあったでしょう。でも、そういった経験が忍耐力を養ってくれたとノブさんは言います。そして、**お客さんが日々の暮らしで何かうまくいかないことがあったり悩んだりしていても、自分のお店に来て食事をすることで楽しいひとときを過ごしてもらえたら嬉《うれ》しい**、とも。

「NOBU」に行くお客さんは、料理とともに、この「おもてなし」の気持ちを味わいに行く。そして「また来たい」と思いながら帰ってくるのでしょう。私のように。

25 律儀さ

FAITHFULNESS

ずっと忘れない、ということ

――ギー・ラリベルテ

華やかなショービジネスの世界で、その華やかさもかすむほどの成功を収め、自らが率いるエンターテインメント集団を世界に知らない人のいないほどのゆるぎない一大帝国に押し上げたひとりの男。世界中から彼らのショーを観《み》に訪れる観客にひとときの夢と興奮と感動と驚きを与え続けてきたその男は、どれほどのクリエイティビティとリーダーシップと経営手腕を持った圧倒的な存在かと、会うその瞬間まで、私は期待と興味、そしてほんの少しの畏怖を抱いていました。

私の前に現れたその男は、しかし、私の想像を超えた存在でした。

ギー・ラリベルテ。カナダの大道芸人で実業家。彼の名前に聞き覚えはなくても、エンターテインメント集団「シルク・ドゥ・ソレイユ」の創設者といえば、「ああ！」と思うのではないでしょうか。

　彼と初めて会ったのは、雑誌の対談でした。実はその前に、私は自分の誕生日の記念のイベントのためにシルク・ドゥ・ソレイユの公演を一日借り切ったことがありました。公演はもちろんとてつもなくすばらしく、だから私はこの対談の話が来たときに、「こんなすごいサーカス集団のトップとは、いったいどんな人なんだろう」とわくわくしながらその日を楽しみにしていたのです。

　会ったとたん、「なるほど」と思いました。何が「なるほど」なのかうまく説明できないのですが、とにかく彼はあの集団を率いるにふさわしい人物で、かつ、ただの切れ者ではない、という感じがしました。なんというか、とても……**ピュアな人**でした。仕事もものすごくできる感じで、受け答えも鋭く、こちらをまっすぐに見つめる日は、情熱にあふれています。でも、同時に、とてもリラックスしていて、率直で、子どものように素直なのです。面白い人だな、と思いました。

　この対談のときに、私はジェフ・ハミルトンのデザインしたジャケットを着ていました。ジェフは私の友人で、大統領やトップアーティスト、ＮＢＡのスター選手などを顧客に持つ全米ナンバーワンのレザージャケットのデザイナーです。このジャケットを見たとたんにギーが反応しました。「それはジェフ・ハミルトンのジャケットですね！」。そうです、と私が言うと、目を輝かせて「彼に自分のためのジャケットを作ってもらうのが私の夢なんです！　あなたがうらやましい！　どうやったら私も作れるんですか？」と、前のめりになりながら聞くのです。それで、ジェフの連絡先を教えて、直接やりとりしてもらうことにしました。実はそのとき、私は違う柄のジェフのジャケットをそこに持っていきました。好みかどうかはわからないけれど、あとでギーにあげようと思って家から持ってきていたのです。私がジャケットを袋から取り出したときのギーの様子は……もうおわかりですね（笑）。

こんな出会いですから、対談も盛り上がりました。彼のショーにかける心意気や哲学、観客を楽しませるためならどんなことでもするという完璧さなど、話を聞いていてとても勉強になりました。感性が勝負の仕事、でも感情的ではなく、むしろ真面目で律儀、という印象でした。**「観る人に感動と驚きを」ということをあれだけ高いレベルで長い間続けるには、この真面目さと律儀さが必要なのでしょう。**

この話には続きがあります。しばらくして、ジェフから私のところに荷物が届きました。中を見ると、シルク・ドゥ・ソレイユのジャケットです。ジェフがギーへ送るのを、間違って私に送ってきたんだ、とあわてた私はすぐにギーにメールを送りました。「ジェフが間違ってうちに送ってきたので、すぐそちらに転送します」。するとギーからもすぐ返事が来て「それはあなたへのプレゼントです。ジェフには2枚同じものを頼みました。あなたには前にジャケットをいただきましたし、それにシルク・ドゥ・ソレイユのことを理解してくださっているあなたにぜひ着てほしい」と言うのです。**真面目で律儀な人と思った私の勘は当たっていました。**

ギーからは毎年、私の誕生日に凝りに凝ったバースデーカードが送られてきます。それを見ていると、またシルク・ドゥ・ソレイユのショーを観に行きたくなります。なんというタイミングか、この本を作っているときに、彼がその90%を持つと言われるシルク・ドゥ・ソレイユ所有権の大半を売却する、というニュースが流れました。クリエイティブ・アドバイザーとして社内には残る、という話ですが、彼は次にどんなことをして私たちを驚かせてくれるのでしょうか？

26

学び

LEARNING

自分にはなかったものを得る喜び

——カルロス・モヤ

私のビジネスではみなで共有しているモットーのようなものがいくつかありますが、その中のひとつに「You can do it !」というものがあります。これは文字通り「あなたはできます！」ということですが、これにはもうひとつ別の言葉がほぼセットになっています。このあとに、「I will show you」と続くのです。「私がやってみせますから」ということで、つまりはできそうもないことを「できるからやりなさい」と無理強いしたり、自分にはできないことを人にさせたりするのではなくて、**「誰でもできることだから、難しく考えないで大丈夫。私が最初にやってみせますから、その通りやればあなたもできますよ」**という感じです。

これをもちろん、私もビジネスを始めてからずっと実践してきました。たくさんの先輩に教わり、たくさんの後輩に教えました。でも実は、過去に一度、「自分はできないな」と思うことを人にお願いしたことがあるのです。

もう今から10年以上も前のことだと思いますが、あるとき私は、タイのプーケットにいました。ホテルにチェックインするときに、持っていたテニスのラケットケースを目にした支配人が「テニスがお好きなんですか。今、ATPでランキングの1位をとったこともある選手が滞在なさっていますよ。テニスコートで会うかもしれませんね」と言うではないですか。えっ、と思って「誰ですか」と聞くと、「いえ、それはちょっと……」と口ごもるのです。ホテルの守秘義務というやつなのでしょうが、そんなふうに答えるならその選手が泊まっていることも言うべきではありません。それで私は「そこまで言ったら教えてください。でなかったらはじめからそんなことを言わないでほしい」と詰め寄りました。私の迫力に押されたのと、私がそのときホテルでいちばんいいスイートに泊まっていたのとで、結局支配人は重い口を開いて教えてくれました。

「カルロス・モヤです」

嘘《うそ》のような話です。モヤはスペイン人で初の世界一になった、私も大好きな選手です。そこで私は支配人にさらに「モヤと食事をしたいので、私がお誘いしているということを伝えてください」と頼みました。支配人は「この人は何を言っているんだ」というような顔をして、また「それはちょっと……」と戸惑っていましたが、「私のリクエストを聞いて、ＯＫするかしないかはモヤの決めることでは？　それでだめだったらしかたありませんが、彼に伝えるのはあなたの仕事ではないですか？」と、私がそう言うと、支配人も開き直ったように「かしこまりました」と言って、その場でモヤの部屋に電話をしてくれました。電話の向こうで、モヤがたぶん、その人は誰かと支配人に聞いたのでしょう、支配人が「ミスター・ナカジマといって、アムウェイで世界一の方です」というようなことを言っているのが聞こえました。支配人が受話器を置いて私のほうを振り返り、「喜んでうかがいます、とおっしゃっていました」と言いました。

ということでモヤと食事ができることになりました。テニスの話でものすごく盛り上がり、とても楽しい時間が過ごせました。モヤとはそれで仲良くなり、メールのやりとりなどもするようになったのですが、レストランでテーブルを囲みながら、**私はふと、これが逆の立場だったら、自分は誘いに応じただろうか、と考えました。**いくら支配人経由だからといっても、会ったことのない人と食事をするだろうか。出た答えは、「NO」でした。でも、モヤは本当に気軽にOKしてくれたのです。そこでモヤに、なぜ私の誘いを受けたのか聞いてみました。すると、「支配人が聞いてくるってことは、ちゃんとした人なんだろうし、それに世界一の人に会ってみたいと思って」と、さらりと言うのです。この人はすごいな、と思いました。自分も好奇心は強いと思っていましたが、彼はその上を行くかもしれません。

　ところで、その席でモヤが「今自分が育てている選手でものすごくセンスのいい子がいる。この子は将来世界一になるかも」というようなことを言いました。「それは誰ですか?」と聞くと、「覚えておいて」と紙にメモして渡してくれたのがラファエル・ナダルの名前でした。その少しあとから、ナダルの大活躍が始まるのですが、私は彼の試合を観《み》るたびに、あのプーケットでのモヤとの時間と、そこで得た学びのことを思い出すのです。

27 チャリティ

CHARITY

誰かの役に立つということ ――ジャッキー・チェン

実家が商売をしていて、小さな頃からふたりの姉とともに両親の手伝いをしていた私は、「誰かの役に立つこと」＝「よいこと」という意識が身についていたように思います。お客さんがたくさん喜んでくれる、つまり、買い物に満足してくれたらたくさん買ってくれるし、また来てくれる。すると、両親も機嫌がいいし、もっとお客さんのためにいろいろ頑張ろうという気持ちになる。だから、人が喜んでいる顔を見るのが何よりも好きでしたし、それは今でも変わっていません。

人は誰でも、誰かの役に立つことができる。これは私がずっと信じていることです。その人にできる形で、何かは必ずできるのです。そんな私が、大人になってチャリティに興味を持ったのはごく自然なことでした。単発的にいろいろなチャリティ・イベントに参加したり、様々な団体に寄付をしたりしていましたが、あるときからずっと、盲導犬育成のためのチャリティとして、自分の会社で作っているグッズの売り上げの一部を日本盲導犬協会に寄付し続けてきています。街の中で盲導犬を見かけてその仕事ぶりに感動したこと、そしてその盲導犬を1頭育成するのに大変な手間暇とお金がかかると知ったことで、「私も何かしたい！」と思ったのがきっかけでした。

自分のできる範囲で協力をしているという自覚があり、多少なりとも世の中のお役に立っている嬉《うれ》しさがあったのですが、私のこのスタンスはまだまだ甘い、ということを痛烈に感じたときがありました。ジャッキー・チェンのチャリティに取り組む様子を間近で見たときのことです。

世界中でレストラン展開をしている「NOBU」のオーナーであるノブさんから、「北京にもお店をオープンするので、そのパーティーにいらっしゃいませんか」というお誘いを受けました。北京には行ったことがなかったので、ちょうどいいと思い、「行きます」とお返事しました。そこでジャッキーと会ったのです。ジャッキーは北京の「ＮＯＢＵ」の共同経営者でもあったことから、ノブさんに紹介していただきました。

それはあの東日本大震災の直後の4月7日のことで、おりしもジャッキーの誕生日でした。本来ならおめでたいことだらけの席で楽しくパーティーに参加していればいいところを、ジャッキーはその席で震災についてふれ、集まった人たちに寄付を呼びかけたのです。もちろん、共同経営者として、そして個人でも、何千万円という金額を寄付していました。日本で起きた災害にこんなに親身になってくれているジャッキーの姿を見て、私は感動するとともに、自分のチャリティに対するスタンスがまだまだ甘かった、と反省しました。**できることをやる、そして、それを本気でやらないとだめなんだ、と思ったのです。**

私のジャッキーに対するイメージはこの夜を境に、「偉大なアクションスター」から「心の底からの尊敬に値する、すばらしい人格の、偉大なアクションスター」になりました。彼は自分の出演作でも、決死のスタントをほとんど自分でこなしています。その結果、大けがを負うこともあるのですが、それでも次の映画でまた挑戦します。いつも目の前のことにこれほど本気で取り組む人ですから、チャリティも本気なのですね。

そういえば彼は、いっとき、「全財産を自分の子どもに遺産として残すのではなく、すべて寄付する」ということを宣言していました。200億円とも300億円とも言われる資産を持つ彼ですが、自分の子どもには自分で稼げる力があるので父親のお金をあてにせずに頑張ってほしい、というようなことをそのときは言っていました。そのあとしばらくしてから、やはり息子には財産を残すことにした、というニュースがありました。これは事件を起こして実刑判決を受け服役した息子の改心した様子を見て、心を動かされたようだと報道されていましたが、ジャッキーの「弱い者へ援助する」という気持ちの表れなのではないかと思います。

この夜のことで、自分のチャリティに対する考え方もかなり変わった私は、以降、盲導犬育成に関してさらに情熱を持って取り組んでいます。自分にできる範囲で、でも本気でやる。**「誰かの役に立つ」という喜びは、本気でやることでさらに倍増するのです。**

28 仕事

BUSINESS

好きでしかたがなく、楽しみながら結果もついてくるもの

――ティエリー・ナタフ

私はとても幸運なことに、今の自分のビジネスが大好きです。もともと向いていたということもあるかもしれませんが、私は「するべきことを好きになる」ことが得意だったので、うまくいかないことや嫌なことがあったとしても、それを最終的には「いいこと」に転換させてくることができました。私があまりに自分のビジネスが好きなので、一緒に仕事をしている仲間からはよく冗談めかして「薫さん、もうそんなに成功したんだし、あとは引退して悠々自適に暮らしては？」と言われるくらいです。ですから、**自分のやっていることが向いていて、好きで、楽しくてしかたがないということにかけては、私の右に出る人はちょっといないのではないかと思っていました。**

しかし、「この人は私の上を行くのではないか」という人に、あるとき出会いました。ティエリー・ナタフ。知り合った当時、彼はゼニスという超高級時計メーカーの社長でした。

あるとき、私のビジネスのイベントで、コシノジュンコさんのファッションショーを開くことになりました。会場は六本木のグランドハイアット東京で、私はショーのあとモデル役をしてくれた仲間たちやスタッフみんなでお疲れ様のパーティーをしようと思い、いちばん広い部屋を予約しようとしました。すると、その日はたまたま先客がいるということで、残念ながら別の部屋を予約しました。夜、友人たちと食事をするときに、彼らに「ショーを観《み》に来ない？」と誘いました。みんな喜んでいましたが、ひとりだけ先約があって残念だけど来られないという人がいて、その先約というのが、私が予約できなかったいちばん広い部屋でのゼニスのＶＩＰ用ショールームの通訳だったのです。なんという巡り合わせでしょうか。彼がそのことをゼニスの社長、つまりナタフ氏に何気なく言ったらしく、そのあとナタフ氏から「そのショーを観に行きたい」という連絡が来ました。当日、始まる前にナタフ氏は私を部屋に呼んで「あなたはここを予約したかったんですよね。私が先に予約してしまい、すみません」と言って、ゼニスの時計をひとつ、ぽんと私にくれたのです！　こんな高価なものは受け取れません、と言ったのですが、ぜひあなたにつけてもらいたい、と熱心に言うので、ありがたく頂戴しました。

ショーが終わりみんなで食事をするときに、ナタフ氏もお誘いしました。面白そうな人だなと思い、**「この人にはまだ何かあるんじゃないかな」**と感じたので、もっと話したかったのです。その私の勘は当たりました。彼は来るときにアタッシェケースのようなものを持ってきていたのですが、それを開けると、そこにはゼニスの最新モデルがずらりと並んでいました。どれもものすごくかっこいいのです。みながら「わあ！」と注目した一瞬に、ナタフ氏は「今年のモデルで、みなさんにお似合いではないかと思うものをお持ちしてみました。どうぞお手に取ってごらんくださいい」と言って、にこにこしながらひとつひとつ出してくれました。これが本当に、勧められた人によく似合っていて素敵なものばかりで、みんなも「いいね」「これすごい」などと言いながら、結局あっという間に5個売れてしまいました。

何がすごいって、まず人を見て「この時計を買ってくれそう」と瞬時に空気を読む感覚。それぞれに似合うものを持ってきたセンス。そしていきなり商品を出して勧めて、それがまったく押しつけがましくなく、買った人に「こういうの欲しかったんだ」とさえ言わせてしまう手腕。それも営業マンならまだしも、社長が自らそれをするのです。この人は根っからのセールスマンで、商品を売るのが好きで、おまけに自分のところの商品も大好きなんだな、と本当に感心しました。**「人に喜ばれるものを売っている」というプライドは、見ていて気持ちがいいくらいでした。**

彼はその後ゼニスをやめて、今は自分のビジネスを立ち上げているようです。彼のことですから、何をしても、たぶんものすごい結果を出していることでしょう。あらゆるプロセスを思い切り楽しみながら。彼からもらった時計を見るたびに、あの仕事ぶりに負けないように、私も自分のビジネスをうんと楽しみながら結果を出さなければ、といつも思うのです。

29 ファッション

FASHION

自分を表す「スタイル」を持つ楽しさ

――トム・ブラウン

もしかしたら、「ファッションなんて興味ない」という方もいらっしゃるかもしれません。仕事に忙しいビジネスマンの方なら、着るものは奥様におまかせかもしれませんし、小さいお子さんのいるお母さんなら、子育てに忙しくて服にかまっている時間がないかもしれません。でも、ちょっと待ってください。上から下までデザイナーズブランドで固める必要はまったくありませんが、「自分はこの色やこういうデザインが好き」、あるいは「普段あまり着ないけれど、トライしてみたい色やデザインがある」ということだけでも、ぜひ意識しておくといいと思います。自分が身につけるものは、「私はこういう好みです」ということを表します。つまり、**「自分はこういう人間です」ということも表しているのです。**そんな大げさな、と思うかもしれませんが、事実なのです。また逆に、着ている服を変えることで、わりと簡単に自分を変えることもできます。ゲーテが「装いというものは、自分を映す鏡なのだから、おろそかにはできない」と言っているように、**おろそかにせず、でも力も入れすぎず、自分らしさを楽しむ。**それがファッションなのだと思います。

私も最近ようやく、この「自分らしさ」の表し方がなんとなくわかってきて、もともと好きだったファッションがさらに好きになっているところです。

もっと若い頃の私の好みは、どちらかというと派手で個性的なスタイルでした。ヴェルサーチやドルチェ&ガッバーナ、ロベルト　カヴァリなど、ひとめで誰がデザインしたかがわかるような服が好きでよく着ていました。今は少し違って、オーソドックスできちんとしていながらも特徴のあるという服を好んで着ています。自分のこういったスタイルが変わったのは、トム・ブラウンとの出会いからでした。

トムはラルフローレンでデザインを学び独立した、今や世界で人気のデザイナーです。ＢＩＧＢＡＮＧというアイドルグループのＧ‐ＤＲＡＧＯＮが彼の服の大ファンというのは有名ですね。私がトムの服を初めて見たのはファッション雑誌で、ぱっと見てすぐに「あ、いいな」と思いました。シンプルでコンサバティブな中に、独特のユニークなセンスと遊び心、それに品のよさが加わって、**普遍的かつ新しいのです。**そのときは残念ながらまだ日本にショップがなく買えなかったのですが、ほどなくしてその機会はやってきます。私がニューヨークへ行くことになるからです。しかしその前に、トムとの出会いがあります。

仲間たちとベニスに行っていました。ベルモンド・ホテル・チプリアーニという素敵なホテルに宿泊していたのですが、プールサイドにトムがいたのです。友人が先に気づいて教えてくれて、ふたりとも彼の服が好きだったので、話しかけて一緒に写真を撮ってもらったりしました。そのあとしばらくしてニューヨークへ行ったときに、「そうだ、トム・ブラウンの店を見に行こう」と思って出かけていったらトム本人がお店にいました。そして本当にたまたまなのですが、そのとき持っていたタブレットの中に、ベニスで一緒に撮った写真が入っていて、それを彼に見せました。彼もそれを見て思い出したようで、なんだかすごく盛り上がってしまいました。

ところで、トムの服といえば、色ならグレー、そして形ならクロップドパンツあるいは短パンのスーツがトレードマークです。しかしグレーはともかく、さすがに短パンのスーツは私のテイストではないので、お店にあるものとは別に、スーツやシャツをいくつかオーダーしました。あとでできたものを見たら、どれも最高にかっこいいうえに、いつものトム・ブラウン風とは少し違っていて、それがまたいいのです。以来、トムが「中島薫にはこういうのが似合う」と思ったデザインの服を特別に仕立ててもらっています。お店で買えないものを着られるのは嬉《うれ》しいし、トムはトムで、普段の自分のスタイルに関係なく作れるので楽しそうです。今ではフルオーダーのシャツやスーツに「ＫＡＯＲＵ　ＮＡＫＡＪＩＭＡ」と入ったタグを服の裏に縫いつけてもらっています。こういうのは本当に贅沢《ぜいたく》なのですが、でもトムとのこの交流によって、自分のステージが変わったような気もしています。

トムとはプライベートでも仲良くさせてもらっているのですが、彼が私に勧めてくれる服はいつも私の想像を超えてめちゃくちゃすばらしい。服を仕立ててもらうたびに**人生の新しい扉が開くようで、ファッションっていいな、と思う瞬間です。**

あなたもぜひ、自分のスタイルを見つけてみてはいかがでしょうか。

30

プロ意識

PROFESSIONALISM

「自分ならそれができる」というプライド

――ピエール・ガニェール

ビジネスで、あるいはプライベートで、様々なカテゴリーのいろいろなお店で食事をする機会が多いのですが、料理がおいしいと、それを作っている人にも俄然《がぜん》興味がわきます。すばらしい食事に感激すると、私はたいてい、料理長や板長に心からのお礼を言わせていただくのですが、中にはそのまま、友人として親しくさせていただいたり、ビジネスのイベントでお仕事をお願いするようになったり、お店以外の場所でのおつきあいが増える方もいます。

たとえば、この本でも紹介しているノブさんこと松久信幸さんもそうですし、シェフではありませんがソムリエで世界有数のワインコレクター、そしてフィレンツェの3つ星レストランのオーナーのジョルジョ・ピンキオーリ氏などもそういった関係です。ピンキオーリ氏は以前、私との友情の証として「KAORU NAKAJIMA 37」と名前をつけたワインをつくってくれました。トスカーナの最高のぶどう畑でとれたサンジョヴェーゼとメルローからつくられたこのワインのボトルには、私がアートディレクションをしたラベルが貼ってあり、私はこのワインを飲むたびに、彼との友情をかみしめます。

ミシュランの3つ星シェフであるピエール・ガニェール氏もまた、そんなひとりでした。彼は一度、サン=テティエンヌに出したお店で3つ星を獲得したものの、破産して閉店、その後パリで知人の協力のもとに出した店で再び3つ星を獲得するという、ちょっと考えられない経歴を持つ、腕前はピカイチの超一流の料理人です。

彼のお店には何度か行っていて、行くたびにいつも新鮮な驚きがあるおもてなしが大好きでした。**フランス料理というよりはもう「ガニェール料理」という感じ**で、独創的なメニューを見るだけでわくわくしたものです。

あるとき、上野の東京国立博物館を借り切って、私のバースデーパーティーをするという企画がありました。来てくださったみなさんに、まずはゆったりと名画を鑑賞していただいて、そのあと全員で着席ディナーという企画でした。これをガニエール氏に手がけていただきました。

結果はもちろん大成功、みなさん大満足で超ご機嫌のディナーになりました。

この仕事をガニエール氏にお願いしたのには、いくつか理由があります。まず、食事のすばらしさはもちろんですが、私のバースデーイベントですから普通のフレンチとは違う新鮮さと、そして場所が博物館ですから何か芸術的な香りも欲しかった。**ガニエール氏の料理はそれらをすべてカバーして余りあるもの**だと思った私は、彼に白羽の矢を立てたというわけです。

それから、今回の企画には難しい点がひとつあったということ。博物館の中なので、調理に火が使えないのです。だからといって、あたたかい料理はいっさい出さずにオードブルのようなものばかりでは興ざめです。この問題もアイデアでクリアできるのはガニエール氏しかいないと思ったのです。その私の見込み通り、完璧な下ごしらえと必要最低限の電気器具などで、彼は見事に、お店でいただくのとなんら遜色のない、いいえ、それ以上の料理の数々を私たちの目の前に出現させてくれました。

それにしても、この計画を話したときに、あまりに厳しすぎる条件に、もしかしたら断られてしまうかもしれないと、私にしては若干弱気でした。しかし、彼の返事は逆でした。彼は「できます、まかせてください」と請け負ってくれ、楽しそうですらありました。**その顔は、何かに挑戦することがたまらなく好きな冒険家のようで、同時に、「サービスとは何か」を理解しつくしたプロの顔でもありました。**

彼は実際、この企画をとりまく状況や条件を即座に理解し、必要なことを把握して、すべてが問題なく潤滑にいくような流れを構築し、そして実際にそのように動いたのです。

東京国立博物館ですばらしい食事をいただきながら、「プロ意識というのはこういうことか！」と私が感心しっぱなしだったのは言うまでもありません。

困難な局面で「できない」と言うのは簡単です。でも、その**安易な道には進まず、「どうしたらできるか」を考えて、それを遂行するという道を行く。**彼の歩む「プロ道」を、私も歩いていきたい、と思った夜でした。

31

自由

FREEDOM

なにものにも縛られず自分流を貫ける強さ

――アンドレ・アガシ

薫さんの好きな言葉はなんですか、と時々聞かれることがあります。たくさんありますが、でも一生涯にわたっての私のモットーに近いものといえば、たぶん「感謝」と「本気」、それに「自由」がトップ3に来るのではないかと思います。

他のふたつに比べて、「自由」というのはたぶん人それぞれ定義が異なるのではないでしょうか。私の「自由」とは、「すべてを自分で決めることができること」です。それを考えると、私は今、本当に自由な生活をしていると言えます。

ところで、この**「自由」には、つねにセットになっているものがあります。それは「責任」です。**自由がゆるされるためにはそれなりの責任を果たし、誰も何も言えないくらいの「仕事」をすることが必要です。何もせずに先に自由だけくれと言っても、それは通りません。**自由の対価は高いのです。**

だから、自分のするべきことをきちんとして、しかもそれを独自のスタイルでこなしている自由な人を見ると、「かっこいい！」と思います。

これまで、たくさんの自由でかっこいい人に出会いました。中でもインパクトの強かったひとりに、アンドレ・アガシがいます。現役時代は世界一にも輝いた、キャリア・グランドスラムとオリンピックのシングルス金メダルとATPツアーファイナルチャンピオンシップ優勝の3冠を達成している唯一のプレーヤーです。

彼は**記録にも残る選手ですが、それ以上に記憶に残る選手**でした。なにしろ、今よりもさらに規則やマナーの厳しい時代のテニス界に、ものすごいビジュアルで登場しました。ジーンズの短パン、派手な色のシャツ、ライオンのような長髪にバンダナ……あまりに自由で衝撃的で、当時の彼は「異端児」と呼ばれていました。

もしも彼がさして強くない選手だったら、変わった選手として話題にはなったかもしれませんが、「あいつは何をやってるんだ」と叩《たた》く人もいたかもしれませんし、大会側から注意ももっと受けたかもしれません。しかしそうではなかったのは、彼が選手としてすばらしい成績を残していたということと、行動は自由でも、たとえばルールを無視したりスポーツ選手としてのマナーがなっていなかったりといった、人に迷惑をかけるような身勝手な自由さではなかったということが挙げられると思います。何かの記事に、彼が**「練習しなければ、勝つ資格はない」**というようなことを言っていたのを見たことがありますが、その言葉通り、彼は地道な練習も欠かさなかったのだと思います。それと、人柄もよかったのでしょう。実際、彼と会って話したときに、それは感じました。

以前、ニューポートビーチで彼と食事をする機会があったのですが、なんというか実に率直で、サービス精神が旺盛で、一緒にいてとても楽しい人でした。「現役時代、嫌な選手なんていたんですか」と聞いたら、「もちろんいましたよ。ピート・サンプラスです」とあっけらかんと答えて、こちらがびっくりしてしまいました。といっても、嫌いとかではなく、決勝で会うとタイトルを向こうに持っていかれることが多かったのが単純にくやしい、といったくらいの感じで、「もしも彼がいなかったら、自分のグランドスラムの記録をもっと伸ばせていたんじゃないかな」と笑いながら言っていました。

彼の試合の中でも私がとくに好きなのが、実際に観戦にも行った1999年の全仏オープンの、メドベデフとの決勝です。97年にはランキングの100位圏外にすらなっていたアガシが、この大会で復活の優勝を遂げるのです。しかも2セット・ダウンから、雨で中断後の大逆転です。そのことを告げると、彼は「あの試合を観てたんだ！」と大喜びで、私が「観てました。それまで負けてたのに、雨を味方につけたのがすごかった」と言うのを聞いて、「そうなんだよ！」と大笑いでした。

こんな調子で、初めて会ったのにずいぶん昔から知っているかのように打ち解けた雰囲気を作ってくれ、聞いたことにもいっさい躊躇《ちゅうちょ》せずになんでも話してくれるアガシに、私がすっかりしびれてしまったのは言うまでもありません。ヘアスタイルこそ普通ですが、服装はかなり自由で冒険もするし、何より外野を気にせず自分のしたいことをする私のルーツは、もしかしたらアガシなのかもしれません。見た目の自由さでは彼の足元にも及びませんが、**仕事に対する責任を果たして自由を満喫するというスタンス**は、これからも見習っていきたいと思います。

32

こだわり

COMMITMENT

「これだけは譲れない」ものを「譲らない」勇気

——桜井博志

「獺祭《だっさい》」という日本酒があります。山口県の旭酒造という蔵元がつくっているこのお酒は、日本酒が好きな方なら飲んだことがあるのではないかと思います。とはいっても、最近はあまりの人気で品切れが続出し、品物によってはプレミアムがついていたりするので、飲みたくても飲めないという場合もあるかもしれません。

詳しいことは蔵元のホームページなどを見ていただくとして、とにかくこの獺祭の特徴は、日本一とも言われる米の磨きの度合です。テレビや雑誌でもたびたび取り上げられる「二割三分」という極限まで米を磨くやり方はあまりに画期的であり、かつこの**蔵元の究極のこだわり**を表しています。技術的にも難しいとされていましたし、コストもかさみます。また、「もったいない」という意識もはたらいたと思います。しかし、**それらひとつひとつに粘り強く挑戦していった**から、あのすばらしいお酒が生まれたのです。

「五割でもすごいのに二割三分って、どんな味がするんだろう」と思い、私も手に入れて飲んだら、もう理屈抜きにおいしかった。あまりにおいしすぎて、「これはみんなが飲みたいと思うだろうから、すぐに入手が困難になるんだろうな」と思ったのですが、ほどなくそうなりました。そのときに、「磨き方にこんなにこだわっている蔵元の社長さんというのはどんな人なんだろう」と興味を持ちました。話を聞いてみたいと思ったのです。どこかで会う機会があったらいいな、と思っていたら、その機会はわりとすぐにやってきました。

これがまた不思議な話なのですが、まずは私の友人のテラウチマサトさんという写真家の方が、ユネスコの仕事でフランスに行ったときから始まります。彼からメールが来て、「パーティーがあったのですが、テーブルの隣の席に、旭酒造の桜井博志社長がいらっしゃいました」ということが書いてありました。びっくりして、テラウチさんになんとか連絡をとって桜井社長につなげてもらうことはできないかといろいろやったのですが、結局そこではなんともなりませんでした。その何日かあと、声楽家の友人のせいあちゃんが開いたコンサートへ行ったのですが、帰りにエレベーターに乗ろうとしたら、後ろから「中島さんですよね」と声をかけられました。えっと思って振り返ると、見知らぬ紳士が立っていました。誰だろう、会ったことのある人だろうかと記憶の糸をたぐろうとしていると、その方が「はじめまして。『獺祭』をつくっている旭酒造の桜井と申します」と言うではないですか！

びっくりして腰が抜けそうになりました。「なぜ私をご存じなのですか」と聞くと、「以前、『ゲーテ』という雑誌に中島さんのすばらしいお宅が載っていて、それを見て覚えておりました」とのことだったので、次の日に私の家でお昼ご飯を一緒にいかがですかとお誘いしました。桜井社長はとても喜んでくださり、翌日はわが家で、「獺祭」に関するいろいろな「こだわり」のお話を聞きながら楽しい時間を過ごしました。それにしても、雑誌で見ただけの私の顔を覚えていた桜井社長はすごすぎます。

この話には続きがあります。桜井社長をお招きしたその次の日、私は自分の別荘のある逗子《ずし》にいました。用事が終わり、お昼ご飯を食べようと思い、一緒にいた友人のお勧めのお店へ行ったのですが、入ろうとしたら店の前に人がいて、それがなんと桜井社長だったのです！　前の日に東京の自宅でお会いした人と、次の日に逗子でまた会うなんて、ありえません。お互いにびっくりしながらまた一緒にそこでお昼ご飯を食べました。**こういうのを「ご縁がある」と言うのでしょうね。**以来、ありがたいことにとても親しくさせていただいています。

　波瀾万丈《はらんばんじょう》の人生を送られてきたというのが信じられないほど、桜井社長はいつもやさしげでおだやかです。私は桜井社長のやわらかな空気感が好きなのですが、その中に**「これだけは譲れない」というものを譲らない強さが秘められている**のだと思うと、とても興味深いです。ところで、いつだったかテラウチさんが飛行機に乗ったらまたしても隣の席が桜井社長だったときがあったそうなのですが、そこで私の話になった際に、桜井社長もまた「私はね、中島さんのあの空気感が好きなんですよ」とおっしゃったと聞きました。はたして桜井社長の目には、私はどんなふうに映っているのでしょうか。

33

素直さ

PURITY

よけいなことにとらわれないまっすぐな心

――アテネオリンピック男子体操代表

ビジネスでたくさんの人の成功のお手伝いをしてきてわかったことの中に、**「素直な人が成功しやすい」**というのがあります。これは私のゆるぎない経験則です。

誰かが自分のために「これをやってみたら?」「こうしたらうまくいくんじゃないかな」と、アドバイスをしてくれたときに、「ありがとう」と感謝の気持ちで受け入れて、いいなと思ったらすぐにやってみる。それができる人は、成功への近道を通りやすいと思います。

もちろん、自分で考えることを全然せずに、人の意見に左右されてばかりではいけませんし、アドバイスをくれる人が誰かということも見極める必要はあります。

あなたが信頼している人からの言葉は真摯に聞くべきですが、何の関係もない外野がああだこうだ言っているのに振り回されてはなんにもならないのですから。

素直な人が大事なことを素直に受け止めて、無心で頑張った結果、とてつもない成功を手にすることができた。このことを人に説明するときに私がよくひきあいに出す例のひとつに、アテネオリンピックで団体の金メダルをとった男子体操代表の選手たちの話があります。

私はその中の鹿島丈博選手とはそれ以前から少しおつきあいがあったので、日本を出発する前にふと思い立って、「5つのメッセージ」というものを書いて彼に渡しました。「試合の前に、これを必ず読んでほしい」と言って。彼は素直な人だったので、試合の前どころか、アテネに着いてから練習の合間に何度も読んでいたそうです。それだけではなく、チームの他の選手たちにもこのメッセージを教え、読むことを勧めました。他の選手たちもこれまた素直な人ばかりだったようで、鹿島選手に言われた通りにメッセージをノートに書き写して、自分たちの部屋の壁にも貼り、毎日読んでいたそうなのです。そして試合の日にはそれぞれがノートをバッグに入れて競技場へ行ったということをあとで聞かされて知りました。

このメッセージは、「演技をする前に精神統一がうまくいき、普段の実力が100%出せるように」という思いをこめて書きました。それは次のようなものでした。

1　金メダルのことは忘れること
2　世界中から体操を見に来てくださっている観客に感謝すること
3　美しい体操をしている姿をイメージすること
4　器具に向かって「ありがとう」と言うこと（慣れない器具を味方につけるため）
5　自分を育ててくれた両親、コーチに感謝すること

そしてチームはめでたく、団体で金メダルをとりました。

しかも彼らはオリンピック後もこのメッセージのことを覚えていてくれたらしく、最近も「この話をメディアでふれてもいいですか」と聞かれたりしました。

しかし、私がここで言いたいのは、このメッセージがすごいとかそういうことではありません。だいたい、このメッセージの効果も実は微々たるもので、もともと

選手たちの持っている才能や努力、コーチをはじめとする関係者の方々のバックアップ、そして会場の観客や遠く離れた日本で一生懸命彼らを応援してくれる方々の思いなどが金メダルをとらせたのです。ただ、金メダルをとれる実力があっても、そのことだけに注意がいくと逆効果になると思った私は、普段通りに演技ができることが大事だと思い、このメッセージを書くことにしたのです。素直な彼らは「このメッセージの意味は？」「なぜ中島薫がこれを？」「根拠はなんなんだ？」などということはいっさい考えず、読んで納得してこれを実行したのです。

「トイレの神様」という歌もありましたが、「トイレ掃除をすると金運がアップする」という情報を聞いたことがある人は多いと思います。真偽のほどはわかりませんが、これも、「証拠はあるのか」「どういう理屈だ」などと四の五の言って結局何もしない人よりも、「そうか、トイレ掃除をするといいのか」と納得してすぐに実行する人のほうが明らかに運気は上がるでしょう。**やって損をしないことで、やればいいことがあるということに対して、「じゃあやろうかな」とさっと動ける素直**さは、持っていたら絶対に得だと思います。

34

品格

SOPHISTICATION

誇りと責任の美しい対価

――ハプスブルク家の方々

人は基本的にみな同じ。生まれや育ちが違ったからといって、それはただ単に、たまたまそういう境遇だったというだけで、私とその人との間に「人間的な差」などはない。

そう思っていた私が、「いや、待てよ、やっぱり何かが違うような気がする」と思うようになったのは、オーストリアのウィーンに行ったときでした。別に貴族の家に生まれたから偉いとか、お金持ちがすごいとか、そういうことを言っているのではありません。しいて言うなら、まとっている**「空気が違う」**のです。

ウィーン市内中心部から少し西に行ったところにシェーンブルン宮殿があります。広大な庭園のある、世界遺産にも登録されている建物です。ここで、ハプスブルク家のご一家とお会いする機会がありました。

ハプスブルク家といえば、世界史に詳しくない私でも「マリー・アントワネット」をフランス王家に嫁がせた、ヨーロッパ随一の名門王家」というくらいは知っています。この史実からもわかるように、古くから婚姻によって所領を増やしていった一族です。元大統領や有名アーティストやハリウッド俳優の方々などとはたくさんお会いしてきた私ですが、いわゆる貴族、それも大貴族の一家としかも宮殿で食事をするという展開は初めてでした。

しかし、お会いしたご一家は私のよけいな緊張などはまったく必要のない、とても優雅で落ち着いていて、くつろいだ感じの空気をまとっておられました。私は勝手に「なるほどな」と思いました。何百年と続く、歴史と伝統のある一家。その誇りと責任が感じられつつも、驕《おご》り高ぶった雰囲気はみじんもありません。そんなことをする必要のない、**本物の「品」と「格」**が感じられました。そのなんとも言えない「空気」は、私が生まれて初めて体験するものでした。

宮殿の中で食事をいただいているときに、そばで室内楽の演奏が行われていました。確か弦楽四重奏だったと思うのですが、これにはちょっと驚きました。こんなのはコンサートホールで聴くものだと思っていたので、「自分の家でクラシックコンサートか、素敵だな」と感銘を受けました。このことがきっかけで、私は帰国してから毎月自宅でクラシックのホームコンサートのようなものを開くようになりました。お客様が来たときに家でこういう室内楽をやったら喜ばれるかも、と思ったからです。実際、いらしたみなさんにはとても好評です。

自分にないもので、いいと思ったものは取り入れたい。これは私の変わらぬテーマなのですが、このときハプスブルク家の方々とお会いしたことで、私は「品格」のある人がどんなに素敵か、またそのことに対する誇りと責任を持って生きることの覚悟の美しさ、本当に「クラス」のある人の立ち居ふるまいの優雅さと人当たりのやわらかさ、そして趣味のよさ、などというものをたくさん学びました。とても貴重な機会でした。

食事をしながら、窓から見える庭園をさして「そこの庭で、マリー・アントワネットとモーツァルトが遊んだんですよ」と言われました。なんでもないことのようにさらりと言われたので一瞬聞きのがしそうになりましたが、これってすごいことですよね。世の中にはこういう人たちもいるんだ、そう思ったら、**日々いろいろな人に会えて自分の世界が広がることに**、改めて感謝したくなりました。

また、そのときに、「今度、私の別荘にいらっしゃいませんか？　3大テノールのひとりのパヴァロッティを招待していますので、歌ってもらいます」というお誘いもいただきました。そのパヴァロッティも亡くなってしまい、テレビなどでテノール歌手が歌っているのを聴くと、ハプスブルク家のみなさんとのことを思い出します。

はたして私がどこまでこういった品格を身につけることができるのかは不明ですが、ほんの少しでもこの空気をまとえるよう、そしてもちろん空気だけをまとっても意味がないので、自分自身のステージをもっともっと上げていけるようにしたい、と思っています。

35

教育

EDUCATION

親が子に残せる一生の財産

——中島松代

お金や家や土地、貴金属や有価証券などよりも、**親が子どもに残せる一生の財産は何かと言ったら、私は教育だと思います。**このことで、私が強く影響を受けているのが母の松代です。

といっても、母は教育熱心というわけではなく、その逆でした。どちらかというと、野放しに近い状態で育てられたと言ったほうがいいかもしれません。誤解のないように付け加えると、育児放棄とか無関心といったことではありません。商売をやっていて忙しいながらも、姉ふたりと私の3人の子どもを分け隔てなくたっぷりと愛情を注いで育てつつ、しかし勉強に関してはまったくうるさくなかった、ということなのです。

姉ふたりは普通でしたが、私は勉強が大嫌いで、成績もビリから数えたほうが早かった。知能指数を調べたら学内でいちばん高いというくらいでしたが、とにかく学校の授業やテストは、苦手というか苦痛でした。

せっかくこんなに知能指数が高いのだからと、先生方はなんとか勉強させようとしました。家にも先生が来て、母に「薫君はやればできる子なんですから、お母様からもぜひ」などと言っても、母はまったく気にせず、「薫が勉強が嫌いなら、無理してさせようとは思ってませんので」とあっけらかんとしていました。もちろん、家で「勉強しなさい」「宿題はやったの?」「テストは何点だった?」などということはいっさい言われたことはありませんでした。でも、あきらめているとか見放しているというのとは違っていました。**むしろ私としては、なぜか母に期待されていると感じていました。**そして、それはその通りでした。

あるとき、学校で三者面談があり、母と私と担任の先生とで話をしているときに、また私の知能指数と成績の話になりました。「なんとかならないでしょうか」という先生に、母はにこにこしながら、しかし何か毅然《きぜん》とした態度で、「すみません先生。いいんです。この子には、社会に出てからつじつまを合わさせますから」と言ったのです。

社会に出てからつじつまを合わせる。子どもの私には正確な意味はわかりませんでしたが、でも母がやはり私に期待してくれている、それは学校の成績ではなく、大きくなって働くようになってから、きっと何かすごい人になる、と信じてくれているんだ、ということは理解できました。私のありのままを受け入れて、認めてくれている。そんな母に、「嬉《うれ》しい！　ありがとう！」という気持ちになったのを今でも覚えています。

こんなふうに育てられたから、私はいつでも自分を信じていることができますし、だから気おくれというものをしたことがありません。どんなときでも母をはじめ家族は私を受け入れて認めてくれていたので、「こんなことを言ったらどう思われるだろう」ということがないのです。また、子どもだからわからないだろうなどと変に子ども扱いをせずにひとりの人間として対等に扱ってくれていましたし、姉ふたりとも「姉だから」「弟だから」「女だから」「男だから」という区別もなかったので、**私は人を見るときに先入観もありません。**こういったすべてのことがうまくつながって、今の私があり、ビジネスで成功して幸せに暮らしていられるのですから、母には本当に感謝しています。

それに、「教育ということに関して、母から大きな影響を受けました」と言えるのも、私にとっては嬉しいことです。

これは少し前に見たニュース記事ですが、ニュースキャスターの安藤優子さんのお母様の生前の口癖のひとつが、「教育だけは泥棒に盗まれない」だったそうです。まったくその通りだと思います。お金や物ではなく、一生使える教育、しかも、ただの学校の成績の良しあしを気にするのではなく子どもが世間と折り合いをつけながら、ひとりで何をやってもきちんと生きていける知識と経験と考え方を身につけさせる。**本当の教育**とは、たぶんこういうことなのではないかと思います。

36

運

LUCK

前を向いて進む人を守ってくれるもの

――ジェイ・ヴァンアンデル

あなたは「運」というものを気にしますか？　私は気にします。といっても、占い的な意味ではなく、人生を歩むうえでのパートナーとして、私は「運」をとても大事に思っているからです。

これは私のこれまでの経験から言うことですが、運には「いい運」も「悪い運」もなく、ただ「運」があるのだと思います。運はいつもあなたと一緒にいて、あなたを見ています。そして、あなたが本気になって頑張ったり、初心に戻ったり、心の底から感謝をしたりするときに、そっと力を貸してくれるのです。

運とは、**「前を向いて進む人を守ってくれるもの」**と思っています。

私は、今のビジネスを始めてからとくに、こんなことを考えるようになりました。

というのは、私はこのビジネスに携わってからずっと前を向いて一生懸命、歩いてきたからです。私の前には道があり、道案内をしてくれるたくさんの仲間がいて、どんなときでもその背中を見つめてまっすぐに進んでいきさえすればいい大きな存在がありました。その存在のひとりが、アムウェイ・コーポレーションの共同創立者であるジェイ・ヴァンアンデルです。

残念ながらジェイは少し前に亡くなってしまっていますが、今もきっと空から私たちを見守ってくれていることでしょう。

もうひとりの共同創立者であるリッチ・デヴォスが「動」であるなら、ジェイは「静」でした。リッチがいつもはきはきとはぎれのよいスピーチを情熱的に行って人の心に火をつけるのに対して、ジェイはつねにおだやかで淡々とした話し方で、静かに深くしみいるようなスピーチをしていました。

私はジェイからたくさんのことを学び、たくさんのすばらしい言葉をもらいました。その中で、私がよく思い出すもののひとつが、次の言葉です。

「星に手が届かないのが恥ずかしいことではなく、星すら見つけることができなか

ったことが恥ずかしいのである」

これは「夢を持つことの大切さ」を説いているのですが、この言葉を聞いたときには「そうだ、星を見つけよう。そして手を伸ばそう」と思いましたし、こんなふうに人の心によりそうスピーチができるようになりたい、とも思いました。

ずっと前のことですが、私がビジネスで大きな目標を立ててそれに向かっているときに、「どうしたら目標を達成することができますか」とジェイに聞いたことがありました。ジェイはこんなふうに言いました。

「人が歩いているときに、全力で走りなさい」

それを聞いて私は全力で走り、今の自分があると思っています。

ジェイが生前、リッチに送った手紙があります。それはふたりがアムウェイを創立してビジネスが世界的に大成功した後ではなく、アムウェイをスタートする前に、ジェイがリッチへの思いを込めて書いたものです。

「人が偉大なのは、職業や財産、技術のためではない。そういったものは、うわべにすぎず、突き詰めれば最後は消えてなくなってしまう。本当に偉大な人は、その偉大さを内側に秘めている。目に見えないもの……たとえば人格、個性、高潔さ、誠実さ、無欲さなどだ。このような性質を究めれば、それ以外のものは全て風に舞うもみ殻のごとく取るに足りないものになる。

リッチ、あなたは、まさにそういったものをふんだんに持っている。そこがあなたの卓越しているところだ。だからこそ私はこれからも言い続ける。あなたは今も優れた人であり、これからもずっとそうであり続けると」

ジェイは本当に、運に愛されていた人だと思います。それは、周りの人を大切にし、自分ではなく他人の幸せのためにいつも心をくだいていたからです。**そういう人に、運は味方するのだと思います。**

私は今、たくさんの仲間とビジネスをしていて、できるだけ多くの人たちの役に立ち、成功のお手伝いをしたいとつねに思っているのですが、ジェイの言葉ほどのパワーをみんなに与えることができているのかわかりません。でも、それを目指して、今後も星に向かって手を伸ばし続けていきたいと思います。そうすれば、運はきっとこれからも、私を助けてくれると思います。

37

愛

LOVE

これなしには立ち行かない、あらゆるものの基本

——リッチ・デヴォス

「愛している」どころか「好き」という言葉もなかなか口に出しにくい日本人には、「愛」という文字は少々くすぐったいかもしれません。

何で見たのか忘れましたが、英語が日本に入ってきたての頃には、「I love you」というフレーズを今の「(私は)あなたを愛しています」ではなくて、「(私は)あなたのことが大切です」と訳した、というエピソードを目にしました。なるほど、という感じですね。つまり**「愛」とは、何かを、誰かを、大切に思うこと。**大切な何かや誰かに対して、自分ができることをやってあげたいと惜しみなく思うこと、というふうに考えればよいかもしれません。見返りを求めず、ただ役に立ちたいと思う心、とも言えるかもしれません。

思い返せば、私は両親や姉から、この「愛」をたくさんもらって育ったと思います。大人になって、そして今のビジネスをするようになって、家族の他に、一緒にこの仕事をするたくさんの仲間たちからも同じように「愛」をもらいました。その中でも、アムウェイの共同創立者であるジェイ・ヴァンアンデルとリッチ・デヴォス、とくにリッチからは、スタートから今まで、量に換算できないほどの「愛」をもらっていると思います。

それはあたたかい励ましであったり、信頼であったり、後押しであったり、**その時々に応じて、私にとっていちばん必要な形で、必要以上の「愛」**を贈ってくれました。

リッチは、自分の周りのすべての人に、「あなたはできるから」と頭ではなく心でわからせてくれる人です。すべての人が「やればできる」ことを、100%信じているのです。だから、言われたほうも、自分を信じることができて、結果、頑張った成果が出て成功してしまうのです。

リッチのこの「愛」を語るときに、外せないエピソードがひとつあります。それは、私が「クラウン・アンバサダーＤＤ」という業績を達成したときのそのピンをなくした話です。それを服につけてパーティーに出なければいけないのに荷物を入れたスーツケースがロストバゲージになってしまったのです。出てこなくてどうしようと思っていました。その後しばらくたってからスーツケースは戻ってきて、ピンも手元に届きました。それで、新たにもらったほうのピンをリッチに返そうとしたら、「いらない、持っていていいよ」と言うのです。「え、でも」と戸惑っていたら、「じゃあ、もう1回クラウン・アンバサダーを達成すればいいよ！（One more Crown Ambassador！）」と言ったのです。それで私はもう一度その業績を達成して、世界でたったひとりのダブル・クラウン・アンバサダーＤＤとなりました。あとで聞いたら、半分冗談だったらしいのですが、半分は「こう言ったら、きっとカオルはやるだろう。できるしね」とも思っていたようです。私としては、普段リッチからもらっている「愛」を返せるチャンスだと思ったので、それはもう頑張りました。**「この人のために」と頑張れる誰かがいるというのは、なんと幸せなことなのだろうと思います。**私にはそういう仲間が他にもたくさんいるのですが、彼らにもそう思ってもらえるように、もっともっと私も「愛」を贈りたいと思っています。

私の父が亡くなったときに、アメリカから速達で手紙が届きました。リッチからでした。開封してみると、こんなことが書かれていました。

「あなたのお父様には、以前、カリブ海のピーターアイランドで家族のみなさんと食事をしたときにお会いしましたよね。すばらしい方でした。お父様は残念ながら亡くなられてしまいましたが、私が今日からあなたのアダプティブ・ファーザー(adoptive father＝養父)になります」

このことを、私は一生忘れません。

大切な存在が多く、自分も大切にされる存在になる。愛にあふれた人生について私に多くのことを学ばせてくれたリッチに、そして私の大切な家族や仲間に、私は愛を返せているのでしょうか？　そう願っています。

この本を今読んでくださっているあなたにも、愛を。

おわりに　―― This is it.

私の人生を華やかに彩ってくださったばかりか、生きていくうえでも大切なことを学ばせてくださった37組の方々をご紹介してきました。いかがだったでしょうか。

本当は、この中にぜひ入れたかった方がひとりいます。

人生の道ですれ違ったことが何度かあるだけで、まだ「実際にお会いして何かを学んだ」というステージではありませんでした。「でした」というのは、その方は残念ながらもう亡くなっているからです。でも、もしもまだ生きていたら、きっとどこかで出会って、たくさんのことを学ぶことができたと確信しています。

その方とは、マイケル・ジャクソンです。

最初のすれ違いは、20年くらい前、仕事でアフリカに行っていたときでした。泊まっていたホテルの部屋に支配人がやってきて「中島様は、明日の午後1時にチェックアウトのご予定でございますね」と言うので「はい、その予定です」と答えました。すると、少し遠慮がちな様子で、「お願いがあるのですが、今からお部屋をお移りいただけないでしょうか」と言うのです。「え、それはなぜですか?」と聞くと、「実は……マイケル・ジャクソンが明日から中島様と入れ替わりでこちらのお部屋にご宿泊のご予定だったのですが、一日早くおいでになりまして」「え、それで?」「それで……中島様には大変申し訳ないのですが、こちらで別の同じようなお部屋をご用意いたしますので、お移りいただけないかと思いまして……。この1泊のぶんはサービスさせていただきますので……」と、本当に申し訳なさそうに説明をしました。

私が黙っていると、続けて「それと、マイケルのほうからも、お礼にコンサートへご招待しますし、バックステージにもご案内して、一緒に写真も撮りますし、サインを入れたCDをプレゼントいたします、とのことです……」。

今だったら、「わかりました」と快諾して、部屋を移って、マイケルのコンサートに招待してもらって楽しく過ごすと思います。でも、**そのときの私は、そうしませんでした。**その日の夜は私の部屋に友人たちが集まることになっていましたし、こちらはちゃんと予約して滞在しているのに勝手に向こうが一日早く来たからといって、なぜ私が移動しなければならないのか、と、本当に自分本位で、傲岸不遜《ごうがんふそん》と言ってもよいくらいだったと思います。今思い出しても恥ずかしさで顔から火が出そうです。

結局、私がそのままその部屋にいたため、マイケルは乗ってきた船に泊まったということをあとで聞きました。もちろん、ホテル側も代わりの部屋を用意したのでしょうけれど、たぶん彼はその部屋ではだめだったのだと思います。もともとそのホテルはマイケルの定宿だったそうですから、私が泊まっていた部屋もいつも使っていたのでしょう。そう考えるととても申し訳なく、**このことは私の数少ない「一生の後悔」のひとつです。**

次は数年前、ラスヴェガスの確かミラージュ・ホテルだったと思います。前の日が遅かったのでゆっくりと起きた朝でした。出かけようとして、その前にハウスキーピングの人に部屋の掃除を頼んでおかなければと思って廊下に出たら、斜め前の部屋のドアが全開になっていました。ああ、あそこの部屋を今掃除しているんだ、ちょうどいい、私の部屋も頼もう。そう思い、その開いているドアへ近づくと、人の気配があって、美しい声のハミングが聞こえました。

私の部屋のあるフロアはちょっと特別で、一般客の普通の予約は受けていない、離れのような感じの場所でした。他の部屋とは入り口も別で、ワンフロアに部屋はいくつもなく、セキュリティがしっかりしている、独立したエリアだったのです。ですから、ハウスキーピングの人も、滞在客の邪魔をしないように、頼まれない限り勝手に掃除に入ってきたりはしません。

「ハーイ、あとで私の部屋も掃除をお願いしたいんだけど……」と入っていった**私の目の前にいたのは、しかしハウスキーピングの人ではなく、なんとマイケル・ジャクソンでした。**彼がハミングをしながら、クローゼットの前で服を整理していたのです。

こんなに驚いたことは、私の一生の中でもたぶんあまりない、そのくらい驚きました。マイケルももちろん驚いたと思いますが、でもなぜか、叫んだり怒ったりといったことはなく、どちらかというときょとんとした感じで、「なんで入ってきたんですか?」といった顔で私を見ていました。そこではっと我に返った私は、もう大あわてで失礼をおわびしてその場を去りました。とはいっても、もともと英語があまりできないのに加えて驚きすぎてパニック状態なので「ソーリー」「マイルーム・イズ・×××」と言うくらいが関の山でしたけれど。

マイケルも、そのフロアが特別なフロアで普通の客は入ってこられないということは知っていたでしょうし、私が部屋の番号を言ったので警戒もしなければなぜ入ってきたかをとがめるわけでもなく、「Oh, hi」というような感じでした。

今思うと、なぜ部屋のドアがあんなふうに開けっぱなしだったのか、ボディーガードやSPどころかマネージャーさえいずにマイケルひとりだったのか、まったくもって不明です。そして、もし私がもう少し英語が話せていたら、せめていつも通訳をしてくれるスタッフが一緒にいてくれたら、ちゃんと挨拶をして、話もできたかもしれません。もしかしたら、ずっと前の、アフリカのホテルでの私の非礼をわびることもできたかもしれないのです。その日一日、この不思議な出会いについて考えながら、私は「二度あることは三度あるって言うし、マイケルとはきっとまた会えるだろうから、そのときはもっといろいろ話せるようにしよう」と心に決めていました。耳に残るマイケルの美しいハミングを思い出しながら。

そしてまた何年かたち、２００９年の6月25日。私はエルトン・ジョンの自宅で毎年開催されるチャリティ・パーティーに参加していました。食事をしていたときに、隣の席に座っていた男性のところへ誰かがやってきて耳もとで何かをささやきました。するとその人が大声を上げたので「どうしたんですか!?」と聞いたら、**「マイケル・ジャクソンが亡くなったそうです！」**と言うではありませんか。その男性のひとことで会場内は騒然となりました。世界中からセレブが集まるパーティーですから、マイケルと親交の深かった人もたくさんいたと思います。うめき声や叫び声、嗚咽《おえつ》さえ聞こえてきました。私はといえば、ただひたすら信じられない思いで、しばらく呆然《ぼうぜん》としていました。

――これが、私のマイケルとの思い出です。

彼のアルバムはほとんど持っていますし、大好きな曲もたくさんあります。それらを聴くたびに、**「いつかきちんと出会って関わることがあると思っていたんだけれど、もうそれもないいんだ」**と思い、なんとも言えない気持ちでした。

ところが、事態はまた別の展開を迎えます。

2012年に、国立代々木競技場で「マイケル・ジャクソン トリビュート・ライブ」というイベントが開催されたのですが、これに仕事で関わりました。マイケル・ジャクソンの映画『THIS IS IT』にインスピレーションを得て企画されたイベントで、「音楽が様々な壁を乗り越え、人々をひとつにする力を持つ」というマイケルの遺志に感銘を受け、イベント収益の一部は東日本大震災被災者救済に充てられました。これの出演アーティストのひとりに、トラヴィス・ペインという男性がいました。彼はマイケル自身から絶大な信頼を得ていた振付師で、「THIS IS IT ツアー」ではマイケルの右腕となってショーを創り上げた人物です。

その彼と、ひょんなことから親しくなりました。

このイベントの少し前に、私の秘書のマサから、「薫さんに紹介したい人がいる、と友人が言っています」と聞かされました。その友人・バーグはダンサーで、彼のダンサー仲間でぜひ私に会わせたい人がいると言うのです。それがトラヴィスでした。そのときトラヴィスは、ジャニーズ事務所社長のジャニー喜多川さんから頼まれて、ジャニーズ事務所のタレントたちにダンスの指導をするために日本によく来ていたのです。

初めて会ったのは、青山劇場の隣の喫茶店でした。お互いスケジュールが目いっぱいに入っていて、一緒にお茶を飲むくらいの時間しかとれなかったのです。でも、その初対面でなぜかずっと昔からの友人のように打ち解けてしまい、そのあと彼が来日するたびにいろいろなところへ一緒に出かけました。あるときはボクシングの内山高志選手の試合の応援に行ったり、あるときは五木ひろしさんのディナーショーに行って、そこで飛び入りで踊ってもらったりと、楽しい時間を過ごしています。彼は私の自宅や仕事場にも来ていて、スタッフとも仲良しです。

彼からマイケルに関する様々なエピソードを聞きました。マイケルがどんなにすばらしいアーティストで、どんなに音楽を愛し、自分の歌を聴いてくれる世界中のファンをどんなに大切に思っていたかがトラヴィスの口から語られる中、私は「**そうか、マイケルとはこうして、まだまだ続いていくんだ**」と、不思議な感覚にとらわれていました。

マイケルともしかしたらそうして過ごしていたかもしれない時間を、私はこれからもトラヴィスと過ごすことでしょう。

そのトラヴィスから、私は信じられないプレゼントをもらいました。一足の靴です。しかし、それはただの靴ではありません。「THIS IS IT」の公演のために、マイケルとトラヴィスがイタリアへ行ってふたりで相談して決めた、マイケルが履くことになっていた靴。それと同じものをもう一足、彼が私のためにつくってくれたのです。身に余る光栄、というのはこういうことを言うのだと思いました。

このラッキーを独り占めするのはどうにも気が引けた私は、トラヴィスに頼み込んで、私の仲間にも同じものをつくってもらい、感動を共有することにしました。

――きっとマイケルもゆるしてくれるのではないかと思います。

ところで、「This is it」の意味をあなたはご存じでしょうか。マイケルのドキュメンタリー映画のタイトルにも使われているこのフレーズには、大きくふたつの意味があります。

ひとつは、**「これで最後ですよ」「これで終わりですよ」といった意味**です。実際、この映画のタイトルは、マイケルがロンドンのO2アリーナで公演を行うことを発表したときの彼のコメントに使用されていることもあって決まったという話です。

そのときマイケルは次のように言いました。

「I just wanted to say that these will be my final show performances in London. When I say this is it, it really means this is it」
「これがロンドンでの私の最後のパフォーマンスだと言っておきたいと思います。これが最後だと言ったら、本当に最後です」といった意味でしょうか。

さて「This is it」のもうひとつの意味は**「まさにこれ」、そして「さあ、いよいよだ」といった意味**です。**何か大きな出来事が今まさに起ころうとしている状態や、大事なチャレンジに向かうとき、**そんな感じです。

この言葉は、今、本書の中の37組の超一流の人たちのエピソードを読み、そこから得た何かをこれからの自分の人生に生かそうと思っているあなたに、ぴったりの言葉ではないでしょうか?

今、この瞬間からも、あなたはどんどん変化していっています。「変わろう」と思ったときから、最高の人生は始まっているのです。それは、他人を変えようとするのではなく、自分を変えることを選択したからです。

自分以外の誰かを変えようとしない生き方ができれば、あっという間に、すべてはよい方向へ向かっていきます。

自分のゴールを見つけ、それに向かって進み、たどり着いた「超一流」のあなたと出会える機会を、私は心待ちにしています。

2015年9月

中島　薫

中島 薫（なかじま・かおる）

1952年3月7日生まれ。名曲「Good-by morning」を作曲し、第7回世界歌謡祭でグランプリを受賞。その後、1982年にアムウェイと出会う。自身のネットワーク年商は約900億円。ビジネスに遊びにと常に世界中を飛び回っており、その交流範囲は超一流のプロスポーツ選手、世界的シンガー、アーティストに至るまで驚くほど広い。盲導犬育成事業にも貢献するなど、そのキャラクターはきわめて魅力に富んでいる。常にポジティブでチャレンジングなライフスタイル哲学を公開した著書『始めるのに遅すぎることなんかない！』①②、『お金の哲学』『単純な成功法則』『その答えはあなただけが知っている』（以上、小社文庫）、『運命はあなたが決めるのを待っている』『運に愛される人』、監訳書『望むものをひきよせる心と宇宙の法則』（いずれも小社刊）は、すべてベストセラー。

人生で大切なことはいつも超一流の人たちから学んだ

2015年10月10日　初版発行
2015年11月10日　第7刷発行

著　　者　中島　薫
発 行 人　植木宣隆
発 行 所　株式会社サンマーク出版
〒169-0075 東京都新宿区高田馬場2-16-11
電話 03-5272-3166（代表）
印　　刷　共同印刷株式会社
製　　本　株式会社若林製本工場

ブックデザイン　轡田昭彦+坪井朋子
カバーフォト　©Lee Frost/Millennium Images, UK/amanaimages
編集協力　株式会社ぷれす
D　T　P　山中　央

ISBN978-4-7631-3494-3 C0030

ホームページ　http://www.sunmark.co.jp
携帯サイト　http://www.sunmark.jp